Impressum

Bibliografische Information der Deutschen Nationalbibliothek: Die Deutsche Nationalbibliothek ver-
zeichnet diese Publikation in der Deutschen
Nationalbibliografie

©2022 Thomas Rahf
Herstellung und Verlag: BoD – Books on Demand,
Norderstedt

ISBN 978-3-7568-7478-1

INHALTVERZEICHNIS

INHALTSVERZEICHNIS

Für

Britta, weil Du mein Leben seit 1993 begleitest

Rini, weil es Dich gibt (wie war es eigentlich vorher?)

Töni, weil es Dich gibt (wie war es eigentlich vorher?)

Vorwort

Warum dieses Buch und hätte es nicht auch ein
Gespräch getan?

Aller Anfang ist schwer. Mm dies stimmt für vieles im
Leben und bestimmt auch dann, wenn man sich entschlossen hat, ein Buch zu schreiben. Die Idee dazu entstand, alleine sitzend auf einem Hügel, im Juni 2016 in
Dänemark. Das Jahr 2016 war schon sehr emotional für
uns als Familie und im Besonderen auch für mich. Im Januar haben wir Oma Elli beerdigt und im April Opa Uwe.
Der Tod von Oma Elli kam für uns überraschend. Anders
war es bei Opa Uwe.

Ich hatte Anfang des Jahres 2 Monate, in denen ich oft
mit ihm zusammen war. Dann kann die Zeit auf der Pal-
liativstation und die letzten 4 Wochen seines Lebens im
Hospiz. Letztendlich wusste ich, welchen Weg mein Vater
gehen würden. Trotzdem habe ich viele Fragen in den
letzten Monaten nicht gestellt. Es ging vielmehr darum,
ihm in den letzten Monaten zu zeigen, dass er nicht alleine ist. Ich glaube, dass wir dies als Familie sehr gut hin-
bekommen haben. Ihr und Mama habt mich da wirklich
toll unterstützt und meine Schwächen ausgeglichen. Ich
meine damit meine künstlerische Seite. Als nach dem Tod
meines Vaters der Erinnerungsbaum im Hospiz gestaltet
werden sollte, habt Ihr die „Malerarbeiten" übernommen.

Damit wir ein bisschen Abstand gewinnen konnten und weil wir regelmäßig hierherfuhren, ging es in ein Ferienhaus zum Henne Strand. Zum Grundstück gehörte auch ein Hügel mit einer Bank, die förmlich zum Nachdenken anregte. Von meinem Aussichtsposten konnte ich direkt auf den kleinen Berg sehen, der sich an Ortseingang von Henne Strand erhebt. Wie oft waren wir schon dort oben und würden dies hoffentlich auch noch sehr oft sein. Unbestritten einer meiner Top 5 Places. Als ich jetzt am Abend auf diesem Hügel sitzend, bewaffnet mit einem Glas Rotwein, auf den Ort Henne sah, drehte sich plötzlich mein Gedankenkarussell.

Nun viele Dinge, insbesondere aus dem Familienstrang von Opa Uwe wusste ich selber auch nicht. In der Zeit des Internets könnte ich aber sicherlich einiges in Erfahrung bringen. Wäre dies aber genau so nachhaltig, wie ein „Augenzeugenbericht"? Sicherlich nicht! Anders sah es bei dem Familienstrang von Oma Elli aus. Hier gab es jede Mengen Erinnerungen, Geschichten, Charakterbeschreibungen, Bilder etc. Es handelt sich hierbei aber um Herrschaftswissen, über das nur ich alleine verfüge. Wäre doch schade, wenn dies verloren ginge, oder?

Jetzt ist der Punkt gekommen, an dem Ihr ins Spiel kommt. Um es als Erstes vorweg zu schicken. Ich habe noch eine ziemlich lange Buketlist, die ich hoffentlich auch noch abarbeiten werde. Doch der Tag wird kommen, an dem Ihr Euch vielleicht auch Fragen über meine Familie und meine Geschichte stellen werdet, die ich dann nicht mehr beantworten kann. Stopp, seid nicht so voreilig mit Eurem Urteil, dass Euch diese Geschichte gar nicht interessiert und wer liest Heutzutage noch Bücher?

Nun, auch wenn dem so wäre, ist es halt nur eine heutige Momentaufnahme für Euch. Das Gute an einem Buch ist seine Haltbarkeit, wenn es fürsorglich behandelt wird. Ihr wisst, dass ich meine Bücher sehr fürsorglich behandele. Nicht umsonst bezeichne ich ja unser Arbeitszimmer mit meinen Büchern als die „Schatzkammer" und nicht wie Mama als „Rumpelkammer". Männer und Frauen bewerten halt unterschiedlich. Sollte also Eure Neugierde erst in einigen Jahren oder Jahrzehnten geweckt werden, bitte schön .... Damit erklärt sich auch, warum es mit einem oder zwei Gesprächen nicht getan ist. Ich habe, zum Glück, einfach zu viel erlebt.

OK, dieses Büchlein ist nicht nur für Euch geschrieben. Nach fast 60 Lebensjahren bin ich selber auch gespannt, was eigentlich alles so passiert ist. Außerdem bin ich aufgrund der 60 Jahre natürlich darauf gestoßen, dass, sagen wir mal, zwei Drittel meines Lebens schon um sind. Da kommt man, vielleicht auch frau, schon ein bisschen ins Grübeln.

Ich habe durchaus Bedenken was die eine oder andere Begegnung/ Erinnerung betrifft, aber die Neugierde und Freude überwiegen dann doch. Außerdem habe ich den Eindruck, dass vieles bisher wirklich gut bei mir gelaufen ist. Oh je, jetzt sind wir plötzlich schon bei so großen Begriffen wie Dankbarkeit und Demut. Wie Ihr seht, ist dann doch auch ein Schuss Egoismus dabei. Schadet aber nicht.

Bei Begegnungen fällt mir ein, dass ich Euch auch das eine oder andere Bild zeigen möchte. Nun ja, in einem Buch gibt es ja so etwas wie Rechte, Datenschutz etc. Schon komisch, jeder gibt heute vieles von sich in den sozialen Medien preis, aber wehe ein Bild erscheint in einem Buch. Nun auch dieses Problem habe ich gelöst. Neben dieser „kleinen Textausgabe" werde ich noch ein Bildbändchen für Euch aufgelegen und die Exemplare mit Querverweisen versehen. Dies ist aber ein Projekt für das nächste Jahr.

Noch ein Hinweis, dieses Buch soll sich auf keinen Fall in die lange Agenda der Ratgeber einreihen, wie z.B. „Super Dad mit Weisheiten für seine Töchter" oder „Mein Wissen für Euch zur Bewältigung aller Lebenskrisen" etc.

Nein, ich möchte nur von mir erzählen. OK, vielleicht lasse ich mich hier und da zu einem kleinen Hinweis oder Ratschlag hinreißen. So bin ich halt.

Zwiegespräch mit dem Leben

Eigentlich hätte es jetzt ganz entspannt losgehen können. Leider kam da eine kleine Krise dazwischen. Die soll es ja bekanntlich in jedem Leben mal geben. Was war es bei mir? Nun, der Urlaub im Sommer 2021 stand an. Im Dänemark gab es keine mietbaren Häuser mehr. Weitere Urlaubsziele schieden aufgrund der aktuellen Situation aus. Also entschieden Mama und ich uns kurzfristig für die Ostsee, konkret wurde es dann Usedom. Leider erklärtet ihr uns, dass ihr nicht mitkommen würdet. Das hat mich schon betroffen gemacht. Ich dachte immer, wir wären dichter zu einander. Sind wir auch, aber ihr entwickelt euch halt weiter und das ist auch gut so. Nichts ist halt so beständig wie der Wandel. Da ist sie also schon, die erste Lebensweisheit. Ich wurde daran in diesem Moment erinnert, wie es eigentlich bei mir war. Also ich war mit 15 Jahre das letzte Mal mit meinen Eltern im Urlaub. Eine Ferienwohnung an der Ostsee, konkret in Scharbeutz. Danach kam dann mit 16 Jahren der erste Flug in meinem Leben und 2 Wochen Mallorca. Natürlich ohne Alkohol und andere Sperenzchen. Versteht sich von selbst! Deshalb wich meine Enttäuschung auch schnell, weil ihr ja bis heute grundsätzlich dabei seid. Unsere Woche in Lissabon, im Frühjahr 2022, habe ich sehr genossen.

Als ich nun so dasaß und mit meiner Umwelt ein bisschen haderte, kloppte plötzlich jemand auf meine Schulter und meinte, wir müssten mal zusammen reden. Ehe ich etwas sagen konnte, bekam ich zuhören: „Ich bin es, dein Leben. Versuche gar nicht erst dieses Gespräch zu vermeiden".

Mm, ich hatte zwar keine Lust auf tiefgreifende Gespräche, aber so oft wird man ja auch nicht von seinem Leben zu einem Zwiegespräch „eingeladen".

Es gab einen „Gesprächsleitfaden". Zuerst sollte ich einmal aufführen, was alles gut läuft. Dann würde ich auch Gelegenheit bekommen, die negativen Seiten aufzuzählen. Innerlich freute ich mich auf den zweiten Teil des Gespräches. Das Leben selbst, wollte nur eine Moderationsrolle übernehmen.

Auf geht's, was läuft gut?

Ich bin mit meinem fast 60 Jahren gesund! Über diesen Satz musste ich dann doch nachdenken, weil mir sofort viele andere Menschen einfielen, bei denen es überhaupt nicht so war oder ist.

Ich lebe in einer Familie. Wow, ich werde gebraucht und bin nicht alleine. Klar, gibt es auch mal kleine Streitereien, aber dies gehört wohl dazu.

Mein Freundes- und Bekanntenkreis sagt aus, dass ich soziale Kontakte habe.

In meinem Beruf habe ich so etwas wie eine Karriere gemacht. Heute habe ich eine Position mit Verantwortung, Gestaltungsmöglichkeiten und vielen Freiheiten

Meine Arbeit und mein Interesse an wirtschaftlichen Zusammenhängen haben dazu geführt, dass es uns wirtschaftlich gut geht.

Ja ziemlich viel bei positiv. Die Moderationsabteilung in diesem Gespräch meinte nun, es müsse ja auch ganz viel Negatives geben, weil ich doch etwas mit meinem Leben hadern würde. Also Feuer frei:

Jetzt komme ich ......Äh....., geht sofort los...... Ich hatte plötzlich das Gefühl, dass mich die positiven Punkte bildlich umarmten. Natürlich gab es die kleinen alltäglichen Ärgernisse. Aber ganz ehrlich, im Verhältnis zu den positiven Punkten waren dies unbedeutende Nebengeräusche.

Was mich nur wirklich störte, war das spöttische Lächeln des Lebens. Schön, wenn jemand Recht hat ist es ja OK, aber muss man dies auch noch so offen zeigen? Sei´s drum, mir wurde klar, dass ich ein Mensch war, der bis hierher ziemlich viel Glück im Leben hatte.

Ich nahm mir fest vor, dies mir immer wieder zu vergegenwärtigen. Jetzt gibt es hoffentlich keine weiteren Störungen oder Unterbrechungen.

Der Vollständigkeit halber möchte ich nur noch kurz erwähnen, dass die aktuellen gesellschaftlichen Krisen (Krieg, Inflation, Energiekosten, Klimawandel etc.) natürlich auch mich beschäftigten, aber mit meiner persönlichen Vita nichts zu tun haben.

Eine persönliche Reise..., lasst uns zusammen starten!!

Kapitel 1: 1963, da war doch etwas!

Also jede Geschichte beginnt am Anfang. Bei mir ist dies der 9.Januar 1963 in Hamburg. Übrigens ein Mittwoch. Es herrschte an diesem Tag ein strenger Winter in Hamburg. Die Temperaturen fielen nachts auf bis zu − 9 Grad und auch am Tag ging es nicht über die 0 Grad hinaus. Außerdem gab es jede Menge Schnee dazu oder wie man auch sagen könnte, es war halt Winter.

Meine Mutter machte sich am Nachmittag mit Ihrer Schwiegermutter (meiner Oma) auf den Weg von der Puvogelstraße zum allgemeinen Krankenhaus Wandsbek. Wie sie mir später erzählte, war es auf der Entbindungsstation ziemlich kalt und zugig. Damals war es total unüblich, dass die Väter bei der Geburt dabei waren. Doch selbst wenn, wäre es schwierig gewesen. Mein Vater war im Januar von seiner Firma auf Montage in Maschen eingesetzt worden. Es schneite den ganzen Tag und am Abend setzte er sich dann in sein Auto und wollte über die A1 nach Hamburg zurückfahren. Leider war die Autobahn kaum noch zu passieren. Nach seinen Erzählungen lagen bereits viele Autos rechts im Graben bzw. auf dem Seitenstreifen fest. Irgendwie hat es dann doch noch nach Hamburg geschafft.

Im Unterbewusstsein habe ich dies wohl gespürt und mir reichlich Zeit gelassen. Gegen 23.00 Uhr hatte ich dann keine Lust mehr zu warten und da war ich nun plötzlich. Mein Vorname wurde bereits im Vorwege festgelegt. Eng am Mainstream angelehnt sollte und würde ich Thomas heißen. Der beliebteste Vorname für Jungen in den Jahren 1962 und 1963. Wie schön, dass trotzdem jeder Mensch einzigartig ist, auch wenn man mit einem Massennamen das Abendteuer Leben beginnt.

Wie wurde ich aufgenommen ......? Laut meiner Mutter freuten sich alle auf mich. Das kann man ja wohl auch erwarten, oder? Allerdings gab es in der Wohnung meiner Eltern noch ein Platzproblem. Doch dazu später mehr.

Soviel zum Beginn einer langen Geschichte. Doch was passierte eigentlich noch so im Jahre 1963?

Nun das bekannteste Ereignis war mit Sicherheit die Ermordung des US Präsidenten J.F. Kennedy. Er war der jüngste US Präsident aller Zeiten und wohl für viele Menschen auf der Welt ein großer Hoffnungsträger. Bei einem Wahlkampfaufritt in Dallas/Texas fuhr er in einem Cabrio durch die Stadt und wurde dann erschossen. Um dieses Ereignis ranken sich bis heute viele Verschwörungstheorien. Sollte Euch das Thema interessieren, könnt Ihr ja einmal in die Recherche einsteigen.

Außerdem hielt Martin Luther King seine berühmte Rede: „I have a Dream". Ihr kennt ihn auch aus der Schulzeit. Dann erregte in England noch ein Überfall auf einen Postzug großes Interesse.

Darüber hinaus drehte Alfred Hitchcock seinen Filmklassiker „Die Vögel". Bis heute unerreicht, wenn man einmal diese neumodischen Spezialeffekte weglässt.

Solltet Ihr noch mehr Informationen haben wollen, wisst Ihr ja wie es geht....

Kapitel 2 Frühste Erinnerungen

Kennt ihr dieses Gefühl auch schon? Wenn nicht, wird es sich später einstellen. Worauf will ich hinaus? Es sind diese Gedanken an vergangene Erlebnisse, an die man sich noch richtig gut erinnern kann, aber es ist unmöglich zusagen, wann es genau war und was vorher oder nachher passierte.

Also einfach einmal ganz ungefiltert die frühsten Erinnerungen:

1.Bratwurst auf dem Wandsbeker Wochenmarkt

Es betrug sich zu, als ich noch ein Kindergartenkind war, auch wenn ich natürlich nie in die Kita gegangen bin. Erzählt hat die Geschichte sehr gerne meine Oma Lydia, die Mutter von Opa Uwe. Meinen Opa dazu, habe ich nie kennengelernt, weil er im Krieg an der Ostfront geblieben ist. Oma Lydia wohnte mit uns in der Puvogelstraße und hatte in dieser Zeit einen Freund. Natürlich sollte ich nicht Opa zu ihm sagen, also wurde mit kurz erklärt, dies wäre Onkel Ewald. Er war nett und nahm mich oft mit zum Wandsbeker Wochenmarkt. Nun wir wollten dort nicht einkaufen, nein, es ging hauptsächlich um Ratsch und Tratsch. Bis heute ist auf der Fläche des Wochenmarktes auf dem Wandsbeker Quarre ein Rotklinkerbau mit Flachdach. Zu meiner Kinderzeit wurden aus dem Haus Getränke und Bratwürstchen verkauft. Hier hielten wir uns immer auf. Onkel Ewald trank Bier und redete mit anderen Männern, die sich dort immer einfanden. Ich bekam eine Bratwurst. An diese Szenen kann ich mich erinnern. Nicht aber an den Satz, den meine Oma mir immer gerne erzählte und den ich wohl häufiger benutzte. Als wir wieder einmal dort waren, soll ich zu Onkel Ewald zweimal gesagt haben: „Nimm dir doch noch ein Bier und ich esse noch eine Bratwurst:" Aus zuverlässigen Quellen wurde übermittelt, dass ich so manchmal bis zu 3 Bratwürste bei einem Besuch erhielt.

Natürlich kann diese Episode dazu geführt haben, dass ich bis heute ein großer Fan von Bratwürstchen bin. Sollten wir einmal einen konspirativen Treffpunkt benötigen, wäre dies in Hamburg der Mö Grill. In New York natürlich Chelsea Market. Achtung diese Ortsangaben werden in 30 Sekunden gelöscht.

2.Der Geruch von Hirschhornsalz

Wo wir gerade bei meiner Oma Lydia waren. Keine Sorge übrigens, die Familie wird gleich noch im Detail vorgestellt. Doch jetzt zurück. Meine Oma wohnte im Erdgeschoss und meine Eltern und ich wohnten im 1.Stock. Immer zur Weihnachtszeit machte meine Oma Lydia so genannte Hirschhornkekse. Eine der Hauptzutaten ist das Hirschhornsalz. Dadurch entwickelt sich ein ganz besonderes Aroma. Ich erinnere bis heute an dieses Aroma, das sich immer im ganzen Treppenhaus ausbreitete, wenn meine Oma diese Kekse buk. Für mich immer ein Grund, wenn ich kam oder ging kurz bei meiner Oma zu klingeln und den einen oder anderen Hirschhornkeks mitzunehmen. Zum Glück dauerte es nicht lange und ich

durfte immer probieren, auch wenn meine Oma noch mitten im Backprozess steckte. Diese Hirschhornkekse sollten frisch gegessen werden, weil sie schnell hart wurden.
Nach dem Tod meiner Oma hat mein Vater ein paarmal
versucht die Kekse nach zu backen. Hat leider nie ge-
klappt. Meine Oma hat das Rezept mit in Ihr Grab genommen. Tipp: Familienrezepte immer aufschreiben oder di-
gital abspeichern.

3.HSV Station Rotherbaum mit ÖL

Ich habe tatsächlich nicht viele frühe Erinnerungen, in
denen mein Vater eine Rolle spielt. Eine Ausnahme ist
unser Ausflug in das HSV Station. Nun werdet Ihr denken, das Station des HSV ist doch das Volksparkstation
in Stellingen bzw. Altonaer Park. Nun ja, für heute trifft
dies sicherlich zu. Doch als ich Kind war, gab es auch
noch das Fußballstation am Rotherbaum. Es befand sich
in der Nähe der U- Bahnhaltestelle Hallerstraße. Mit meiner Geburt 1963 wurde auch die 1.Fußballbundesliga gegründet und der HSV, als Gründungsmitglied, bestritt ab
dann seine Heimspiele im großen Volksparkstation.
Doch für Freundschaftsspiele wurde noch der Sportplatz
Rotherbaum genutzt. Für eines dieser Spiele hatte mein
Vater eine Karte erhalten und nahm mich mit ins Station.
Zu dieser Zeit spielten beim HSV Legenden wie Uwe Seeler, Charly Dörfel und andere. Ich weiß noch, dass wir auf
knarrenden Holzbänken saßen und auf die Mannschaften
warteten. Dann kamen die ersten Spieler auf den Platz.
Alle Zuschauer sprangen auf und klatschten Beifall. Ich
hatte den Eindruck, dass die gesamte Holztribüne

schwankte. Was mir sofort auflief waren die glänzenden Beine der Spieler. Ich soll meinen Vater gefragt haben, warum die Spieler alle mit nassen Beinen auf dem Platz kamen. Er fand dies lustig und erklärte mir, dass die Beine „eingeölt" seinen, damit sich die Spieler beim Match keine Zerrungen oder ähnliches zuziehen würden.

Wie ging das Spiel aus? Gegen welche Mannschaft spielte der HSV? Ich habe keine Ahnung! Während des Schreibens dieses Buches ist leider auch die HSV Legende Uwe Seeler verstorben.

4.Rodeln und anderes vom Pilz im Eichtalpark

Doch halt, eine weitere Erinnerung mit meinem Vater gibt es dann doch. Ihr kennt ja den Eichtalpark sehr gut. Ich sage nur Ziegen füttern oder der Spielplatz mit der Seilbahn aus alten Autoreifen und natürlich das Restaurant „Zum Eichtalpark". OK, ein Restaurant mit deutscher Küche und eher durchschnittlichen Bewertungen im Netz. Aber ein Ort mit einer langen Geschichte als „Familienrestaurant" der Familie Rahf. Hey, ich lenke ja schon wieder vom Thema ab. Also zurück! Wenn Ihr am Restaurant vorbei in den Park kommt, sieht Ihr auf der rechten Seite einen Berg, ok einen Hügel, oben mit einer runden Sitzgelegenheit. Wandsbeker sprechen hier nur vom „Pilz", weil die Form unweigerlich daran erinnert. In einem meiner frühen Winter bin ich mit meinem Vater auf einem Schlitten den Hügel hinunter gerodelt und hatten jede Menge Spaß.

Später bin ich dann immer mit Freunden dorthin gegangen und immer, wenn es genug Schnee gab, hatten wir unsere Schlitten dabei. Hatten wir richtig Schwung rodelten wir mit dem Schlitten über den Weg hinaus auf die Wandse, das durch den Park fließende Flüsschen. Eingebrochen ist aber niemand von uns. Ich muss nicht erwähnen, dass natürlich Oma Elli immer sehr besorgt war und mir mehrmals mit auf den Weg gab. „Sei schon vorsichtig und nicht so wild". Ein Junge in meinem Alter und nicht so wild sein. Wie soll denn das gehen?

Von diesem Platz gingen später danach immer unsere Fahrradtouren durch den Eichtalpark los. Wir bekamen von den Müttern immer gesagt, wieweit wir in den Park hineinfahren durften. Meistens war der Botanische Garten in Hintschenfelde die Grenze. Oh wie gut, dass es damals noch keine Tracking Apps gab. Natürlich wagten wir uns weiter in den Park hinein. Die Folge war, dass wir uns regelmäßig bei der Rückkehr verspäteten. Da gab es mach mal schon einen Rüffel, den aber Abenteurer wie wir wegstecken konnten.

Auch während des Konfirmandenunterrichtes spielte der Park und der Pilze eine Rolle. Ließ das Wetter es zu, wurde der Unterricht oft in den Park verlegt.

5.Müllmänner in Aktion

Ich wohnte ja bis zu meinem Auszug 1984 in der Puvogelstraße 7c, dazu später mehr. Eine meiner frühsten Erinnerungen bezieht sich auf die Müllmänner der Hamburger Stadtreinigung. Bei uns gab es runde, eiserne Mülltonnen, die immer sehr voll und schwer waren. Sie standen ganz am Ende des Hofes. An den Tag der Abholung kamen morgens zwei Männer und mussten die Tonnen an die Straße bringen, damit der Müllwagen beladen werden konnte. Die Männer brauchten immer den gesamten Weg für sich. Sie rollten zeitgleich mit zwei Tonnen Richtung Straße. Mit den Händen drehten sie jeweils eine Tonne und gleichzeitig hielten sie den Kurs, indem sie mit Ihren Füßen immer wieder gegen die Tonnen traten. Dies erfolgte alles gleichzeitig. Ich glaube heute würde man „Multitasking" dazu sagen. Es machte immer einen Höllenlärm, weil die Tonnen aus Metall waren.

Wir Kinder waren auf jeden Fall total beeindruckt und es gab für uns zu dieser Zeit nur einen Berufswunsch.

6. Frau Opitz

Meine Mutter hatte mit ihrer regelmäßigen Arbeit nach meiner Geburt aufgehört. Dazu später mehr. Leider war bei uns Zuhause das Geld meistens ziemlich knapp. Deshalb verdiente sie als Reinigungskraft, so der heute hoffentlich politisch korrekte Begriff, etwas dazu. Sie selbst sagte dazu, der Zeit angemessen, dass Sie als Putzfrau arbeiten würde.

Die Wohnung, die sie einmal in der Woche sauber hielt, lag im Stadtteil Rotherbaum. Unsere Reise begann in der Puvogelstraße. Wir fuhren zuerst mit dem Bus zum Wandsbeker Markt. Dort ging es dann in die U-Bahn und wir fuhren direkt durch bis zur Haltestelle Hallerstraße. Damals gab es an den beiden Enden der U-Bahn Wagons neben der Fahrerkabine eine kleine Nische mit einem Notsitz, der aufgeklappt werden konnte. Diese Nische war sehr eng und für einen Erwachsenen unbequem und deshalb waren diese Sitze meistens frei. Für mich war es der Lieblingsplatz in der Bahn, weil ich durch das Fenster in den dunkeln Tunnel schauen konnte. Je nachdem wo ich gesessen hatte, konnte ich sehen, wie wir uns von der Station entfernten bzw. wie wir auf die nächste Station zufuhren. Die Fahrt verging wie im Flug. An der Station angekommen nahmen wir den hinteren Ausgang, Richtung Rothenbaumchaussee und gingen nach oben. Normalerweise wartete dann schon oben meine Oma Lydia, die Mutter meines Vaters, auf uns. Oma Lydia lernt ihr natürlich auch noch kennen. Sie arbeitete in der City und fuhr nach Feierabend zur Hallerstraße, um mich „zu übernehmen". An solchen Tagen ging es dann für mich in umgekehrter Reihenfolge zurück nach Wandsbek.

Jetzt gab es aber Tage, an denen konnte aus verschiedenen Gründe meine Oma mich nicht zurückbringen. An diesen Tagen durfte oder musste ich meine Mutter begleiten. Wir gingen dann, als wir den Bahnhof verlassen hatten, die Rothenbaumchaussee ein Stück hinunter, in Richtung Dammtor. Dann bogen wir in eine kleine Straße ab. Ich bin mir nicht mehr sicher, aber es könnte die Hartungstraße gewesen sein. Unser Ziel war die Wohnung von Frau Opitz. Ich war von dieser Wohnung sehr beeindruckt, vielleicht sogar ein wenig eingeschüchtert. In der Straße standen und stehen bis heute überwiegend beeindruckende Häuser aus der Gründerzeit (so. ca. 1880- 1910 erbaut). Dieser Stadtteil war und ist ja auch heute noch eine der teuersten Adressen in Hamburg. Es fing schon mit dem großen Treppenhaus an. Die Stufen waren aus massiven Holz und glänzen von dem verarbeiteten Bohnerwachs. Jede Stufe war mit einer glänzenden Metallschiene versehen. Die Treppengeländer waren aus glänzenden Messing, das ich fälschlicher Weise für Gold hielt. Ok, das wäre jetzt doch etwas zu viel des Guten gewesen. Außerdem gingen große Bilder auf jedem Stockwerk. Ein Fahrstuhl gab es natürlich nicht.

Die Wohnung von Frau Opitz war nach meiner Wahrnehmung, was Wohnungen betrifft, ein Palast. Die Zimmer waren riesig groß und hatten sehr hohe Decken. Natürlich waren die Decken nicht glatt, sondern mit Stuck verziert. In der Küche hätte man ohne Probleme Verstecken spielen können und der Flur erinnerte mich mehr an einen Boulevard.

Hier lag nun das Aufgabengebiet meiner Mutter. Ich wurde an diesen Tagen in der Küche geparkt. Danach sah ich meine Mutter nur noch sporadisch. Diese unglaublich große Wohnung hatte sie einfach verschluckt. Nur manchmal sah ich sie mit Eimer und Wischmopp bewaffnet an der Küche vorbei huschen. Frau Opitz war eine kleine, alte Frau, die mir gegenüber sehr freundlich war und mich mit Keksen und Getränken versorgte. Sie wohnte in der Wohnung mit ihrer erwachsenen Tochter, die mich immer völlig ignorierte. Das war für mich aber kein Problem, solange die Kekse von Frau Opitz ankamen. Ich kann heute nicht mehr sagen, wie lange wir immer dort waren. Aber ich glaube schon, dass meine Mutter einige Stunde brauchte, um diese Wohnung Pikobello herzurichten.

Ich konnte nur nicht verstehen, warum 2 Menschen in einer so großen Wohnung alleine lebten? Die Begriffe Klassenunterschiede oder soziale Schichten kannte ich in diesem Alter noch nicht.

7.Hund und Wurst = Konflikt

Wo wir gerade von großen Wohnungen und teureren Gegenden sprechen noch eine kurze Anekdote. Wir hatten als Familie natürlich auch Prominentenkontakte. Ja, wirklich.

Ihr werdet ja gleich noch meine Großeltern, von der mütterlicher Seite, kennenlernen. Nun vorab, Oma und Opa lebten in der Roonstraße. Im Nachbarhaus lebte eine, ok damals vielleicht noch nicht, aber später bekannte Schauspielerin. Eva- Maria Bauer, bekannt aus der Schwarzwaldklinik und anderen Fernsehserien. Meine Großeltern und sie waren befreundet und trafen sich regelmäßig zum Kaffee und schnackten zusammen. An einem dieser Tag war ich auch dabei und spielte mit dem kleinen Hund von Eva- Maria Bauer unter dem Küchentisch. Plötzlich erweckte bei uns gleichzeitig eine Scheibe Wurst das Interesse, die irgendwie ihren Weg zu uns unter den Tisch gefunden hatte. Ok, ihr wisst ja Essen und ich sind ein Thema. Was soll ich also sagen, ich war nicht bereit die Scheibe abzutreten, hätte die Sache aber gerne friedlich geregelt. Der Hund war da, sagen wir einmal ergebnisorientierter, und schnappte nach der Wurst. Dabei erwischte er leider auch mein Gesicht an der Wange.

Oh je, dann ging es los. Meine Großeltern sind dann mit mir zum Arzt, der die Sache mit zwei oder drei Stichen wieder hinbekam und es gab noch eine Tetanusspritze. Für mich war die Sache damit geregelt. Der Aufstand kam dann noch, als meine Mutter zurückkam und mich abholen wollte. Nach ihren Aussagen hat sie Oma und Opa noch lange Vorwürfe gemacht, das sie nicht besser auf mich aufgepasst hätten. Ich selber soll das Ganze völlig entspannt gesehen haben. Als Junge holt man sich halt auch mal Narben. Bähm..., da bediene ich doch tatsächlich ein Klischee.

Aber immerhin war es ein Promi Hund!

8.Pfandarmband und Rathausmarkt

Noch etwas gehört zu meinen frühsten Erinnerungen. Doch dazu muss ich etwas ausholen. Als meine Eltern so kurz nacheinander gestorben waren, mussten wir natürlich auch die Wohnung auflösen. Dies haben Mama und ich gemacht, weil ich Euch damit nicht belasten wollte. Irgendwann kamen wir dann auch zum Schmuckkasten von Oma Elli. Meine Eltern hatte nie große Reichtümer in Ihrem Leben angesammelt. Die Ketten und Ringe meiner Mutter waren alle sehr „leicht", anders gesagt, der Goldanteil war sehr gering. Doch dann entdeckte ich dieses schwere Goldarmband und damit auch dieses Erinnerungsteil.

Als ich noch ein „Kindergartenkind" war, war das Geld bei uns wirklich knapp. Mein Vater arbeitete in einer sehr kleinen Firma als Schlosser und bekam einmal im Monat eine „Lohntüte". Der Arbeitslohn wurde als Bargeld ausgezahlt. Tatsächlich wurde es dann oft am

Ende des Monats knapp. Zur Hochzeit hatten meine Eltern von meinen Großeltern ein goldenes Armband bekommen, dass auch einen entsprechenden Goldanteil hatte.

Deshalb kam es dann doch häufiger vor, dass meine Mutter mich „einpackte" und wir dann mit Bus und Bahn zum Rathausmarkt fuhren. Hier befand sich ein großes Pfandhaus. Solche Einrichtungen gab es natürlich auch in Wandsbek. Meiner Mutter wäre es aber peinlich gewesen, wenn wir von Menschen gesehen worden wären, die uns kannten. Deshalb auch die regelmäßige Reise zum Rathausmarkt. Meine Mutter verpfändete das Armband und bekam dann dafür einen entsprechenden Betrag in DM, mit dem dann die notwendigsten Dinge gekauft wurden. Nachdem mein Vater dann seinem nächsten Lohn erhalten hatte, fuhren wir wieder zum Pfandhaus und meine Mutter löste ihr Armband, natürlich gegen Zahlung einer Gebühr, wieder aus.

Dann hatten meine Eltern, für die Einrichtung der Wohnung und für den Kauf eines Autos einen Kredit aufgenommen, der damals auch noch in Bar zurückgezahlt wurde. Dafür fuhren meine Mutter und ich wieder in die Innenstadt zu einer großen Bank. Die Schalterräume der Bank waren in einer riesigen Halle. In der Mitte der Halle stand ein großes Aquarium und um das Aquarium herum standen gepolsterte Bänke. Hier wartete ich immer auf meine Mutter die sich an einem der Schalter anstellte und dann die monatliche Kreditrate einzahlte.

Woher weiß ich so genau, was wir wo und warum gemacht haben? Ich sprach einmal meine Mutter auf diese

Erinnerungen an und sie erzählte mir dann von den Hintergründen.

Dieses Geldproblem sollte auch später noch eine Rolle spielen. Es heißt ja, der Mensch wird durch die Erziehung und durch seine Umgebung sozialisiert. Zumindest was dem Umgang mit Geld betrifft kann ich dies nur bestätigen. Ich würde mir wünschen, dass ich bei diesem Thema immer so entspannt bleiben würde wie jetzt.

Ach ja, dass Armband liegt heute im Bankschließfach und wird hoffentlich für immer nur ein Andenken an Oma Elli bleiben.

9. Warmer Schweinebraten

Ich möchte diese frühen Erinnerungen nicht mit einem schweren Thema wie Geld beenden, sondern mit einem Schweinekrustenbraten. Äh, der ist auch nicht gerade leicht, oder? Essen und ich sind ja ein ganz großes Thema. Nun, laut meiner Mutter habe ich schon immer gerne gegessen.

Bei uns, genauer gesagt an der Wandsbeker Zollstraße / Ecke Kedenburgstaße, war in meiner Kindheit ein Lebensmittelgeschäft, man könnte fast sagen, ein kleiner Supermarkt.

Er gehörte keiner Kette an, sondern wurde unabhängig von einem privaten Besitzer geführt. Herrn Krause! Deshalb hieß es auch nur, wir gehen zum Einkaufen zu Krause.

Der Eingang zum Markt war an der Wandsbeker Zollstraße. Man kam hin und konnte sich dann einen Korb zum Einkaufen nehmen. Einkaufswagen gab es nicht, weil dafür sowohl drinnen und draußen kein Platz vorhanden war. Herr Krause, der Besitzer war immer im Geschäft. Er trug einen langen weißen Kittel, war gefühlt 2 Meter groß, über 100 Kilo schwer und hatte eine laute Stimme, die überall im Geschäft zu hören war. Ich habe ihn als netten Menschen in Erinnerung. Ansonsten gab es halt die üblichen Regale durch die man gehen konnte. An der Stirnseite, gegenüber dem Eingang, war die Wurst- und Käsetheke. Hier gab ein Highlight. Einmal in der Woche, den genauen Tag, habe ich vergessen, machte Herr Krause oder sein Schlachter im Ofen einen frischen Schweinekrustenbraten. An diesem Tag ging meine Mutter, später ich auch alleine, zu Krause. Schon wenn man die Eingangstür öffnete und in das Geschäft eintrat, schlug einem dieser unwiderstehliche Geruch vom frischen, warmen und knusprigen Schweinebraten entgegen. Ein bisschen Luxus musste einfach sein. Zuhause bekam dann jeder ein Scheibe und ein paar Stücke der Kruste. Mm, einfach köstlich!! Natürlich fiel auch dieses Geschäft dem Lauf der Dinge zum Opfer. Irgendwann konnte Herr Krause nicht mehr gegen die aufkommenden Discounter und großen Supermärkte konkurrieren und musste das Geschäft schließen. Aus der Erinnerung heraus war ich da gerade aus der Puvogelstraße ausgezogen.

Kapitel 3 Heimat ist da wo…….. Die Puvogelstraße

Was das Thema Heimat betrifft, werde ich Euch zwei Adressen vorstellen. Fangen wir an mit der Euch bekannten Puvogelstraße. Dazu muss ich aber erst einmal in die „Geschichte" abdriften. Der Name ist ja schon etwas speziell. Also Wandsbek war bei 1937 eine eigenständige Stadt, bevor Wandsbek, Altona und andere Bereiche durch das so genannte Groß Hamburg Gesetz einfach zu Hamburger Stadtteilen wurden.

Als eigenständige Stadt hatte Wandsbek natürlich auch einen Bürgermeister. Ja, und nun sind wir bei Friedrich Puvogel, der von 1836 bis 1907 in Wandsbek lebte und in der Politik aktiv war. Von 1873 bis zu seinem Tode 1907 war er der Zweite Bürgermeister von Wandsbek Vom Beruf war er Verleger und Buchdrucker. Er gründete die Zeitung „Wandsbeker Bote" Nach seinem Tode wurde die Straße nach ihm benannt. Sein Grab soll auf dem Tonndorfer Friedhof sein. Ich habe aber noch nicht danach gesucht. Es gibt auch ein Denkmal von Herrn Puvogel in Wandsbek. Soviel zur Geschichte.

Ihr erinnert Euch nur noch an die Puvogelstraße 6, die wenn man von der Wandsbeker Zollstaße kommend rechts einbiegt, auf der linken Seite der Straße ist. Der letzte Eingang nach einer langen Zuwegung. Doch hier haben Eure Großeltern nur vom 2005 bis zu Ihrem Tod 2015/2016 gelebt. Vorher wohnten Sie in der Puvogelstraße 7c. Der große, rechteckige Klotz, der oben auf der rechten Seite die Puvogelstraße beendet. Man betritt die Nr.7 durch einen Tordurchgang und findet sich plötzlich in einer Art Innenhof wieder. Es gibt 4 Eingänge, Nr. 7 bis Nr. 7c. Geht man durch den Torbogen gerade aus bis zum Ende, steht man vor der Nr. 7c. Hier fängt die Heimat an. Ich habe von meiner Geburt an die ersten 22 Jahre hier gelebt. Hinter jedem Eingang verbergen sich auf insgesamt 5 Etagen jeweils 2 Wohnungen. Wir haben im Eingang 7c. im 1.OG rechts gewohnt. Im EG rechts lebte übrigens meine Oma, bis zu ihrem Tode 1997. Der Rahf Clan in 7c!

Leider waren die Wohnungen sehr klein. Nicht mehr als geschätzte 45 - 50 Qm. Vom Treppenhaus trat man ein und stand in einem Mini Flur. Gegenüber der Eingangstür lag ein größeres Zimmer, das meine Eltern als Schlafzimmer nutzen. Er ging nach hinten zum Hof raus. Rechts vom Flur ging es in das Badzimmer mit Dusche. Aus dieses Zimmer lag zum Hof. Wandte man sich nach links ging es vom Flur in das Wohnzimmer. Gegenüber der Tür zum Flur war ein schön großer Balkon. Mann schaute direkt auf den Sportplatz. An der linken Ecke befand sich die Kochnische der Wohnung. Eine kleine Spüle, ein Herd und 2 kleine Schränke. Das war es. Eine richtige Küche gab es nicht. Gegessen wurde am Wohnzimmertisch. Da war es. Ach nein, mich gab es ja auch noch. Gegenüber der Kochnische war rechts noch ein kleines Zimmer. Dies war mein Reich. Leider war der Platz so begrenzt, dass mein Zimmer keine Tür hatte. Als kleines Kind hatte mich dies nie gestört. Später wurde es aber zu einem echten Problem. Meine Eltern hingen einen Vorgang zwischen dem Wohn/Küchenzimmer und meinem Reich. Hat nur leider nicht viel gebracht. Mein Fenster ging auch zum Sportplatz heraus. Ich erinnere mich noch sehr gut daran, dass in meinen Kindertagen direkt neben dem Haus bzw. meinem Zimmer eine Baufirma (Hans Frank) ihr Depot hatte. Oft wurde morgens eine riesige Walze verladen. Der Auflieger stand dann unter meinem Fenster und die Waltz fuhr selbständig auf den Anhänger. In diesen Momenten vibrierte immer alles bei mir und ich dachte die Decke und Wände stürzen gleich ein. Passierte zum Glück nie! Der Sportplatz sollte noch so mache Rolle für mich spielen. Dann gab es noch etwas Grusliges. Von jedem Hauseingang ging es in den Keller. Dies war ein langer und dunkler Weg, der alle Eingänge miteinander verband. Der Weg war sehr schmal und rechts und links gingen die Verschläge ab, wo die Mieter ihre Sachen aufbewahren konnten. Eine Mutprobe von uns bestand darin, bei meinem Eingang der Nr. 7c in den Keller zugehen und dann den gesamten Weg abzulaufen und gesund und munter wieder bei der Nr.7 aus dem Keller herauszukommen. Dies gelang meistens, es denn, man traf auf eines der Kellermonster. Oh je! Auch meiner Mutter war das Kellergewölbe nicht geheuer. Wir hatten keine Waschmaschine in der Wohnung. Es gab, in der Mitte des Kellers, eine Gemeinschaftswaschküche für alle Mieter. Die dort stehende Waschmaschine wurde mit 50 Pfennigstücken gefüttert. Dann gab es einen weiteren Trocknungsraum wo jeder die nasse Wäsche auf hing. Meine Mutter war immer genervt, wenn die Maschine oder der Trocknungsraum besetzt waren, hatte aber keine Alternative. Aufgrund der Kellermonster begleitete ich sie immer zum Waschen in den Keller.

Steht Ihr heute vor dem Toreingang und schaut auf die Puvogelstraße, seht Ihr zu Eurer Rechten die Kedenburgstraße mit alten Wohnhäusern auf der linken Seite und neuen Wohnhäusern auf der rechten Seite. Dieser Platz war bis in meine Jugendzeit hinein eine Freifläche, auf der Autos und LKW s parkten. Aber zweimal im Jahr verwandelte sich diese Fläche in eine magische Umgebung. Nach dem Frühjahrs- und dem Herbstdom wurde hier ein kleiner Wandsbeker Dom aufgebaut, der nur von Freitag bis Sonntag geöffnet hatte. Die Hauptattraktionen war ein Auto Soccer und ein Kettenkarussell. Nicht zu vergessen die Würstchenbude und der Mutzen Stand. Natürlich ging ich auch gerne auf den großen Hamburger Dom, aber meine Freunde und ich fanden es auch cool, zweimal im Jahr einen eigenen „Dom" vor der Haustür zu haben. Im späteren Teenageralter hingen wir dann total cool am Auto Soccer ab.

Warum war mein Zimmer ohne Privatsphäre in Kindertagen kein Problem? Nun ja, weil ich gefühlt immer nur draußen gespielt habe. Der Ablauf des Tages war immer gleich. Wir kamen von der Schule, es gab Mittagessen und Hausaufgaben. Danach bekam ich meine „Verhaltensregeln" mit der Zeit des Nachhause kommen und dann ging es raus. Natürlich nicht allein. Da sind wir also angekommen, darf ich vorstellen: „Die Gang"

Die Reihenfolge hat nichts mit einer Abstufung zutun. Irgendwie gehörten wir alle zusammen. Mal mehr und mal weniger.

Axel wohnte mit seiner Mutter in der Puvogelstraße 7a. Er war ca. 2 ½ Jahre älter als ich und natürlich auch entsprechend größer. Somit war er irgendwie der Boss. Dies störte mich aber nicht wirklich. Meistens gab er vor, ob wir Fußball spielten auf dem Sportplatz, im Eichtalpark „abhingen" oder mit anderen der Gang für Ordnung in der Puvogelstraße sorgten. Ach ja, da er der Boss war, durfte ich beim unserem Dom übrigens nie den Auto Soccer lenken. Wir teilten uns die Kosten, aber ich war der ständige Beifahrer. OK, der Boss zu sein ist wahrscheinlich doch besser. Die Mutter von Axel verlor irgendwann ihre Arbeit und hatte den Plan sich selbständig zu machen. Sie mietete einen kleinen Laden in der Neumann-Reichardt- Straße und machte dort einen Zeitschriften-Zigarettenladen auf. Ich weiß noch genau, wie wir beim Umzug geholfen haben. Axel und ich setzten unsere Fahrräder ein und transportierten vorsichtig die Kleinmöbel und Zubehör. In diesem Moment war dies alles ein Abenteuer für uns. Keiner von uns ahnte, dass sich dadurch auch unsere Freundschaft verändern würde. Hinter dem Laden befand sich eine kleine Wohnung, die natürlich mit angemietet wurde. Dies bedeutete somit auch den Wegzug aus der Puvogelstraße. Die neue Adresse war vielleicht 1-2 Kilometer entfernt. Wir blieben somit gut in Kontakt und besuchten uns regelmäßig gegenseitig. Allerdings nahmen die Besuche mit der Zeit ab. Dabei stellte ich fest, dass das Angebot in dem Geschäft sehr überschaubar war. Außerdem gab es kaum Kunden. Es kam, wie es kommen musste. Der Laden ging pleite und damit war auch die Wohnung weg. Axel zog in einen anderen Standtteil mit seiner Mutter und damit brach auch unser Kontakt ab. Soziale Medien haben halt doch nicht nur Nachteile. Von jetzt an musste, nein durfte, ich das Steuer des Auto Soccer selbst übernehmen. In der Neumann- Reichardt- Straße gibt es übrigens bis heute einen Kiosk. Scheinbar ist es möglich dort ein Geschäft an Leben zu halten. Vor einigen Wochen war das Sommerfest der Hamburger Tafel. Wir waren dort, weil Rini eine der Organisatorinnen war und Töni als Servicekraft eingesetzt war. Auf dem Weg nach Hause fuhr ich bewusst an dem Kiosk in der Neumann- Reichardt- Straße vorbei. Gleichzeitig meinte Mama: „Na die alte Heimat!" Oh ja und wie! Jeder hat irgendwie und irgendwo seinen KIEZ. Wo meiner ist, weiß ich ganz genau.

Stefan wohnte mit seiner Mutter im Nebenhaus Puvogelstraße 5. Er war ca. 1 ½ Jahre jünger als ich. Seine Mutter war berufstätig im Hamburger Falkverlag. Sein Vater lebte nicht in Hamburg. Deshalb war es häufiger allein Zuhause. Dann spielten wir oft in der Wohnung zusammen, die so ganz anders war als mein Zuhause. Stefan und seine Mutter hatten ein große 4 Zimmerwohnung, in der man sogar richtig toben konnte. Außerdem stand im Wohnzimmer immer eine Schüssel mit Schokolade oder Lakritzen. Immer wenn wir dort vorbeikamen, griffen wir beherzt zu. Besonders gerne erinnere mich an gemeinsame Ausflüge, die wir zu zweit in Hamburg gemacht haben. Es gab aber auch weitere Expeditionen. Einmal fuhren wir mit seiner Mutter bis nach Bremerhaven und schauten uns das dortige Schifffahrtsmuseum an. Das war für uns 10- 11jährige natürlich eine ganz große Sache. Die vielen Schiffe (Segelboote, Frachter und Kriegsschiffe) die wir besichtigen konnten. Von diesem tollen Ausflug gibt es auch noch ein oder zwei Fotografien.

Wir beiden Freunde waren schon sehr dick miteinander. Zu meiner Konfirmation im Jahre 1978 durfte ich einen Freund einladen. Dies war dann auch Stefan, der von der Kirche, dem Mittagessen im Gesellschaftshaus Lackemann (am Wandsbeker Markt) und dem Kaffeetrinken in der Puvogelstraße dabei war. Bei mir war dies eine richtige Familienfeier mit vielen Leuten. Leider hatte sich unser Kontakt in dieser Zeit schon sehr reduziert. Dies lag daran, dass Stefan, wie wir alle, zunächst einmal die Grundschule 6 Jahre lang absolvierte. Danach wechselte er aber nicht auf eine weiterführende Schule, sondern wurde auf Entscheidung seiner Mutter und seines Vaters auf ein Internat in Niedersachsen „versetzt". Richtig glücklich war er damit nicht, konnte aber nichts dagegen tun. Der getrenntlebende Vater war selbständiger Architekt und hatte es zu einigem Wohlstand gebracht und setze sich als Geldgeber bei der Internatsentscheidung durch. Danach hatten wir dann Kontakt, wenn Stefan 1 oder 2-mal im Monat zu Besuch bei seiner Mutter war.

Umso mehr freute ich mich darüber, dass er zu meiner Konfirmation kam. Ein Jahr später war seine eigene Konfirmation in Niedersachsen und ich war auch einladen. Allerdings nahmen bei Ihm nur seine Eltern und ich teil. Nach der Kirche fuhren wir zu einem chinesischen Restaurant zum Mittagessen. Auch dazu gibt es noch ein schönes Foto. Am Nachmittag fuhr ich dann mit seiner Mutter zurück nach Hamburg. Nach seiner Konfirmation verloren wir uns langsam aber sicher aus den Augen. Gefühlte 30 Jahre später zog Stefan als Nachbar meiner Eltern für eine kurze Zeit in die Puvogelstraße 6. Meine Mutter hatte aber in dieser Zeit, es waren wohl nur ein paar Monate, keinen Kontakt zu Stefan gehabt.

Angela wohnte wie Stefan in der Puvogelstraße 5 zusammen mit ihren Eltern und war auch so ca. 1 ½ Jahre jünger als ich. Ihre Spezialdisziplin war Schweinebaumeln. Keine bzw. keiner von uns hing solange kopfüber auf dem Spielplatz ab wie Angela. Sie war lustig und wir hatten sie gerne um uns. Doch bei Ihr gab es eine On / Off Beziehung zu unserer Gang. Manchmal war sie jeden Tag dabei und gehörte wie selbstverständlich dazu. Dann „tauchte" sie auch mal für 2 oder 3 Wochen ab und wurde bei uns gar nicht mehr gesehen, um danach einfach wieder dazuzugehören.

Ulf wohnte in der Puvogelstraße 3. Im Gegensatz zu Axel, Stefan und Angela hatte er zwei große Brüder. Die drei Jungs teilten sich in der Wohnung ein Zimmer und Ulf schlief oben in einem Etagenbett. Ulf, ich und noch jemand wurden gemeinsam eingeschult. Es gibt dazu ein lustiges Bild, wo wir alle ganz stolz unsere Schultüten vor der Schule präsentieren.

Dann gab es, auch in der Puvogelstraße 3, noch die Schwestern Beate und Sabine. Der Vater betrieb in Wandsbek eine Autowerkstatt für LKW. Heute befindet sich dort das Elektronikkaufhaus von Conrad. Beate war in unserem Alter und ging mit Ulf und mir in die Grundschule Schimmelmannstraße in Wandsbek. Sabine war die Ältere und gefühlt uns so 3 -4 Jahre voraus. Deshalb spielte sie auch keine große Rolle bei der Gang. Sie war selten bei den „Kleinen" dabei.

Ok, jetzt wird es persönlich und ich hoffe für Euch nicht peinlich. Also in der Puvogelstraße 3 wohnte auch noch Kirsten. Sie war ein Jahr jünger als ich. Ihre Mutter war verstorben und über den Vater wusste ich nichts. Kirsten wohnte bei Ihrer Großmutter. Sie war etwas kleiner als ich, hatte mittellanges blondes Haar und zwei ganz niedlich Grübchen, wenn sie lachte. Also ich fand Kirsten schon ziemlich toll. Als wir so zwischen 12-14 waren, begann das Thema Kellerfeten. Bei uns war dies, so glaube ich zumindest, im Keller von Beate und Sabine. Natürlich amüsierten sich unsere Eltern darüber. Die Wochenendfeten fingen am späten Nachmittag an und waren dann gegen spätestens um 21 Uhr beendet. Bei einem dieser Events klang gerade das Lied SOS von Abba aus dem Lautsprecher und wir saßen alle am Tisch. Plötzlich tippte Kirsten unter dem Tisch mit Ihrem Fuß auf meinem Fuß. Bei uns damals ein Zeichen dafür, dass Kirsten mich auch ganz gut leiden konnte. Mm, was soll ich sagen, ich war einfach viel zu schüchtern um darauf zu reagieren. Kirsten hat dies bestimmt als Abweisung aufgenommen und mich danach keines Blickes mehr gewürdigt. Das war es dann mit einer Teenager Romanze. Danach haben wir uns leider sehr distanziert zu einander verhalten.

Ok, Axel, Stefan, Angela, Beate, Sabine, Kirsten und ich. Die Gang der Puvogelstraße.

Bevor wir die Lokation wechseln, noch eine kleine Anekdote. Ihr kennt ja meine Sammlung von Flugzeugen,

Panzern etc. die ich als Bausatz in Kindheitstagen zusammengebaut habe. Ergänzt um die vielen keinen Plastiksoldaten. Woher habe ich nur all diese Dinge? Nun ja, da kommt zunächst einmal meine Oma ins Spiel. Die ja im EG der Puvogelstraße 7c wohnte. Sie arbeitet bis zu ihrer Rente in verschiedenen Jobs. Ich bekam einmal im Monat von ihr Taschengeld. An diesem Tag wartete ich vor der Haustür sitzend auf meine Oma, die sich immer darüber lustig machte. Sie kam meistens so gegen viertel vor 6 bzw. 17:45 Uhr nach Hause und gab dann mein Taschengeld. Jetzt zählte jede Sekunde. Ich rannte durch den Torbogen und bog rechts in die Puvogelstraße ab. Ruckzuck war ich unten an der Wandsbeker Zollstraße und bog hier auch rechts ab. An der Apotheke und dem Postamt vorbei, erreichte ich dann das Geschäft von Herrn Höft. Ja, hier gab es wirklich auf kleinstem Raum alles zukaufen, was das Herz begehrte. Also zunächst bestand das Kerngeschäft aus dem Verkauf von Zeitungen, Zeitschriften, Zigaretten, Alkohol, Lotto, aber es gab auch jede Art von Spielzeug, unter anderen meine Bausätze von Airfix und Revell. Außerdem die Packungen mit den Soldaten. Herr Höft war ein sehr kleiner Mann mit einem ausgeprägten Geschäftssinn. Jeder Quadratzentimeter in diesem Geschäft war mit Waren gefüllt. Später nahm er auch noch Bekleidung mit in sein Sortiment mit auf. Herr Höft war immer freundlich und nett und lachte herzlich, wenn ich kurz vor Geschäftsschluss in den Laden stürmte, der um 18 Uhr schloss. Natürlich hatte ich die Tage vorher bereits das riesige Angebot gecheckt und mir etwa „ausgesucht". So musste ich nur noch sagen, was ich haben wollte. Zufrieden ging ich dann, viel entspannter als auf dem Hinweg, wieder Nachhause. Ja, die Umlaufgeschwindigkeit des Taschengeldes, dass ich maximal 10 Minuten besaß, war schon atemberaubend.

Neben den Soldaten und Modellbausätzen hatte ich noch eine Leidenschaft. Comics! Bis heute hüte ich meine Tim & Struppi, Asterix und Prinz Eisenherz Exemplare in meiner Schatzkammer. Ein weiterer Klassiker war und ist für mich die Rex Danny Reihe. Ein Kampfpilot der mit zwei seiner Freunde die wildesten Abendteuer bestand. Ich bin froh, dass ich diese besonderen Comics erhalten konnte. Einen Großteil meiner Sammlung hatte ich im Keller der Puvogelstraße 7c gelagert. Bei einem Unwetter liefen alle Keller voll Wasser und meine Sammlung war vernichtet. Natürlich war aufgrund meiner kostspieligen Hobbys das Taschengelt immer knapp. Bei Herrn Höft konnte ich die Comics nur neu und zum vollen Preis erhalten. Abhilfe schuf ein kleines Geschäft in Eimsbüttel. Es lag direkt an der U-Bahn-Station Lutterothstraße. Zu meiner Zeit war eine Kinderfahrkarte vom HVV günstig und ich konnte und durfte alleine diese „Reise" antreten. Der Laden war vielleicht 25 Qm groß und bestand eigentlich nur aus einem Tresen. Der Besitzer stand dahinter und fragte, welche Comics man denn suche. Dann stellte er eine große Kiste mit der entsprechenden Auswahl auf den Tresen und die Suche begann. Gefühlt fuhr ich einmal im Monat zur Lutherortstraße und kam fast immer mit echten Schätzen zu einem Schnäppchenpreis zurück.

Nun ja, warum eine zweite Heimat und warum hier? Aber stopp, auch hier darf der geschichtliche Hinweis nicht fehlen. Wo liegt die Roonstraße. Von der bezirklichen Zuordnung bewegen wir uns im Stadtteil Hoheluft Ost. Die Straßen zwischen der Bismarckstraße und dem Eppendorfer Weg wird aber auch das Generalsviertel genannt. Warum? Nun ja, Otto von Bismarck und seine Geschichte von den Einigungskriegen, der Reichsgründung bis zur unrühmlichen Absetzung durch den letzten deutschen Kaiser kennt ihr natürlich in und auswendig. Nicht so bekannt ist die Tatsache, dass Bismarck nicht alleine tätig war. Einer seiner Unterstützer war Albrecht von Roon. Er war Generalfeldmarschall, die höchste Rang in der Armee und er war unter Bismarck Kriegsminister. In dieser Funktion modernisierte er die preußische Armee und trug maßgeblich zu den Erfolgen der preußischen Kriege bei. Er ist der Namensgeber der Roonstraße. Als wir 2013 in Berlin waren, haben wir uns seine Statur angesehen, die bei der Siegessäule zu besichtigen ist. Da auch andere Straßen in diesem Kiez die Namen ehemaliger Generäle tragen, entstand der Name Generalsviertel.

Warum war dies meine zweite Heimat? Hier in der Roonstraße 28 EG links lebten meine Großeltern und einer meiner Onkel. Die Roonstraße 28 wird auch als das Afrikahaus bezeichnet, weil unter anderem die Figur eines Elefanten die Fassade schmückt. Natürlich politisch völlig unkorrekt. Ein reicher Kaufmann hatte in den deutschen Kolonien viel Geld gemacht, wir fragen einmal nicht wie, und dann um die Jahrhundertwende, also um 1895- 1905 herum, dieses Haus gebaut.

Wir waren in den Ferien selten im Urlaub und außerdem arbeitete ja auch meine Mutter. Also gab es „Betreuungsbedarf" für mich. Dies führte dazu, dass ich fast immer in den Ferien in der Roonstraße war, manchmal auch darüber hinaus. Doch dazu später mehr, wenn Ihr die Familien kennenlernt. Auch wenn es hier keine „Gang" gab wird die Roonstraße immer eine zweite Heimat sein.

Oh, ich schulde Euch noch eine Beschreibung der Wohnung. Also fangen wir an. Als erstes stand man natürlich im Flur. Gegenüber der Eingangstür ging es in das große Wohnzimmer mit einer Tür zur vorderen Terrasse. Links von der Eingangstürging ging es in das kleine Wohnzimmer. Die beiden Zimmer nach vorne waren mit einer Schiebetür versehen und konnte getrennt oder zusammen genutzt werden. Wandte man sich von der Eingangstür nach rechts begann ein endlos langer Flur. Es gibt Bilder von mir, wo ich diesen Flur mit dem Roller befahre. Doch zurück! Auf der linken Seite des Flures kam sehr bald ein weiteres Zimmer in Sichtweite. Hier war das Schlafzimmer meiner Großeltern, gefolgt vom Badezimmer. Jetzt machte der Flur eine rechts/ links Kurve und gab seine gesamte Länge preis. Es ging weiter mit dem WC auf der linken Seite und am Ende des Flures, ja es gab tatsächlich ein Ende; ging es links in die Küche und geradeaus in das Zimmer meines Onkels. Von seinem Zimmer war dann noch eine Tür zum hinteren Garten. Dieser Garten war komplett von den umliegenden Häusern umgeben. Im Sommer war in den Gärten immer richtig etwas los. Nachmittags wurde dort Kaffee getrunken und am Abend sahen die Menschen im Sommer oft bei einen oder zwei Bierchen dort zusammen. Ein richtiger Hinterhofgarten ohne Ausgang. Doch zurück zur Küche. Sie war schön groß und neben den üblichen Küchengeräten gab es auch noch einen Tisch mit Platz für 4 Personen. Von der Küche ging eine Tür ab zur Speisekammer. Ja, ihr hört richtig, eine Speisekammer. Als das Haus um 1900 gebaut wurde, gab es noch keine Kühlschränke. Also wurde die Lebensmittel in einer Speisekammer gekühlt. Diese hatte natürlich keine Fenster. Auf der anderen Seite der Küche war eine weitere Tür. Hier gab es ein kleines Zimmer, in das sich mein Opa manchmal zurückzog, wenn er etwas Ruhe brauchte. Ursprünglich war dies die Unterkunft der Köchin oder der Dienstmädchen. Gerade in den Wintermonaten, wenn es draußen kalt und ungemütlich war, spielte sich das Leben überwiegend in der Küche ab. Erst gegen Abend machten dann meine Großeltern die Heizung im Wohnzimmer an. Jetzt solltet Ihr auch diese Wohnung kennen. Ach ja, wo habe ich denn während meiner Anwesenheit gewohnt. Ich fühlte mich überall in der Wohnung Zuhause und hatte mein Nachtlager auf dem Sofa im kleinen Wohnzimmer ganz vorne. Deshalb auch die Heizung am Abend, weil ich nicht frieren sollte.

Neben der Roonstraße war natürlich die ganze Umgebung mein zweiter Kiez. Ich kannte mich sehr gut am Eppendorfer Weg aus, wusste wo welche Geschäfte waren. Meine Favoriten waren die Eisdiele, die es bis heute dort gibt, und ein Spielzeuggeschäft. Außerdem gab es einen Imbiss, der dann später noch eine gewisse „Berühmtheit"

erringen sollte. Gleiches galt natürlich auch für die Hohe-
luftchaussee. Regelmäßig ging es auch zum Isemarkt. Ein
bis heute sehr bekannter Wochenmarkt unter der U Bahn-
stationen Hoheluftbrücke und dem Eppendorfer Baum.
Die Roonstraße ist sicher auch ein Grund, warum ich bekennender Ditsche Fan bin. Ich habe alle Staffeln und alle
Folgen gesehen. Die Dialoge und die Umgebung sind
Klasse. Bei mir kommt dann einfach auch ganz viel Erinnerung dazu, schließlich ist der Imbiss am Eppendorfer
Weg gefühlt nur 200 Meter von der Roonstraße entfernt.

Später fuhr ich dann regelmäßig mit dem Auto in die
Roonstraße. Es gab eigentlich nie Probleme mit dem Parkplatz. Fahrt heute einmal dort hin? Es gibt dort ein so. ge-
nanntes Bewohnerparkgebiet, was für eine Schnapsidee.
Aber stopp, ich fahre gerade hoch und dies passt eigentlich auch nicht zum Thema.

Ich muss nicht erwähnen, dass heute in der Roonstraße eine andere soziale Schicht wohnt, oder? Es gibt
aber auch noch ein paar der „Alten".

Kapitel 5 Stammbaum und Geschichte Familie Rahf

Urgroßeltern   Urgroßeltern
Thomas Heinrich Rahf   Max Bregulla 1891 -1953
Arbeiter aus Flensburg   Kassenbote und Haus-
                                 meister in Wandsbek
Maria Rahf aus Flensburg   Olga Bregulla
                                 1895-1961 aus Wandsbek
Eltern von   Eltern von

Heinrich Rahf 1913 – 1944   Lydia Rahf 1920 -1997
                                 geborene Bregulla
mein Großvater, den ich nie kennenlernte und meine
Großmutter aus der Puvogelstraße 7c
Die Eltern von Uwe Rahf 1940 -2016, meinem Vater und
Eurem Opa.

Fangen wir an. Also über meine Urgroßeltern aus
Flensburg weiß ich so gut wie gar nichts. Nur das halt
mein Großvater irgendwann nach Hamburg kam, weil es
dort bessere Arbeitsmöglichkeiten gab und dann meine
Großmutter kennenlernte. Das war es eigentlich auch
schon. Dafür gibt es von dem anderen Großelternpaar
viele Infos, Dokumente und Bilder. Es handelt sich um
die Eltern meiner Oma Lydia. Der Urgroßvater war bei
der Stadt Wandsbek als Kassenbote und Hausmeister angestellt. Meine Urgroßmutter war Hausfrau. Meine Oma
war ein Einzelkind. Mit der Tätigkeit für die Stadt war

auch eine Dienstwohnung in der Schloßstraße 43 verbunden. Es gibt sehr schöne Bilder von der Familie im Garten der Wohnung. Das Wandsbeker Rathaus befand sich dort, wo auch heute noch das Bezirksamt Wandsbek ist. Gleich nach dem Marktplatz beginnt eine damals und bis heute die sehr teure Gegend von Wandsbek – Mariental bzw. Hamburg- Mariental. Ich sage nur Straßennamen wie am Schloßgarten, Claudiusstraße, Bärenallee etc. Dies führte dazu, dass meine Oma, ein Kind aus bescheidenen Verhältnissen, mit Kindern in die Schule ging, die in anderen Umfeldern lebten. Oma Lydia lernte dann in den 30ziger Jahren meinen Großvater kennen, der mittlerweile als Mechaniker in Hamburg arbeitete und zu einem überzeugten Nationalsoziallisten geworden war. Dies sieht man zum Beispiel auf dem Hochzeitfoto der Beiden, auf dem er seine SA Uniform trägt. Die Überzeugung führte dann natürlich auch dazu, dass sich mein Großvater 1939 freiwillig zur Wehrmacht meldete und dann in den Krieg zog. Auch hier gibt es viele Bilder und Berichte. Nach dem Polenfeldzug war mein Opa dann auch bei dem siegreichen Feldzug gegen Frankreich dabei. Doch die wirkliche Herausforderung sollte noch auf ihn warten. Mitte 1941 begann der Krieg gegen Russland. Ende 1944 wurde mein Opa als vermisst gemeldet und dann einige Jahre später für Tod erklärt. Recherchen meiner Oma ergaben, dass er 1946 in einem russischen Gefangenlager gestorben ist. Als Erinnerungen gibt es viele Bilder und Orden meines Großvaters. Die Rolle der Familie in der NS Zeit wurde bei uns übrigens nie thematisiert.

Für meine Oma war dies alles eine harte Zeit. Sie wurde mit Mitte 20, wie viele anderen Frauen auch, eine Kriegswitwe und alleinerziehende Mutter. Sicherlich haben Ihre Eltern sie auch unterstützt, die bis zu Ihrem Tode auch in der Wohnung Puvogelstraße 7c wohnten.

Ich habe meine Oma immer als eine hart arbeitende Frau wahrgenommen. Sie hatte eine Ausbildung als Verkäuferin und war viele Jahre bei der Buchhandlung Thalia beschäftigt. Aus Gründen, die ich nicht kenne, wechselte sie in den siebziger Jahren in das Hotelfach und war im Restaurant des Hotel Tiefenthal am Wandsbeker Markt tätig. Jetzt kommt es, ihr werdet stauen! Im Jahre 1976 verkaufte der Hotelbesitzer das EG des Gebäudes und es wurde dort das erste Mc Donalds Restaurant in Hamburg eröffnet. Meine Oma wechselte von dem Restaurant Tiefenthal zu Mc Donalds. Ja, eure Oma gehörte zum ersten Serviceteam beim ersten Mc Donald in Hamburg. Allerdings war dies dann doch nicht so ihr „Ding" und die wechselte noch einmal für ein paar Jahre in eine andere Firma.

Dann als Rentnerin war sie sehr aktiv in der Kirchenarbeit. Es gab alle möglichen Interessenkreise, Ausflüge und Urlaube im Kirchenkreis. Sie hatten auch einen sehr guten Kontakt zum Pastorenehepaar. Vieles spielte sich im Haus von Pastor Esch in der Eichtalstraße 34 ab. Dazu später mehr. Ein weiteres Hobby war ihre Katze Susi. Oh je, was für ein Kratzmonster. Eigentlich kam nur meine Oma gut mit ihr zurecht. Außerdem gab es noch etwas sehr Schönes im Leben meiner Oma. Ich hatte ja schon von Ihrem Mitschülerinnen berichtet. Obwohl aus ganz verschiedenen Kreisen, hatte meine Oma ihr ganzes Leben lang eine tiefe Freundschaft mit 3 anderen Frauen aus Marienthal.

Denen ging es auch nach dem Krieg wirtschaftlich richtig gut. Sie lebten in eigenen Häusern in Mariental, reisten viel und trugen alle auffälligen Schmuck. Ihre Kinder machten zum Teil Karriere im Ausland und das Wirtschaftswunder nach dem Krieg machte diese Familien noch wohlhabender als sie es schon waren. Aber.... nie habe ich erlebt, dass eine dieser Freundinnen gegenüber meiner Oma oder uns arrogant oder hochnäsig war. Nein, überhaupt nicht. Bei den normalen Geburtstagen meiner Oma kamen sie alle in die kleine Wohnung und es wurde heftig geraucht und gefeiert. Stand ein runder Geburtstag an, sparte meine Oma von Ihrer Rente etwas ab und es ging dann mit Familie und den Freundinnen in das Restaurant im Eichtalpark. Seit dieser Zeit ist dieses Restaurant fest mit der Familie Rahf verbunden. Meine Oma hatte dort ein Lieblingsessen. Roastbeef mit Bratkartoffeln. Sie ließ immer zwei Scheiben des Roastbeefs unauffällig in einer Serviette verschwinden. Zuhause drehte dann ihre Katze Susi fast durch, wenn sie das Fleisch roch. Das heute übliche Doggy Back Verfahren war damals sehr verpönt. Was nicht aufgegessen wurde, ging halt zurück in die Küche. Hatte eine der Freundinnen Geburtstag fanden diese oft in „besseren" Restaurants statt. Meine Oma erzählte dann immer davon und wir mussten über bestimmte Etiketten lachen. Außerdem erzählte mir meine Oma, dass man Schnecken und Muscheln auch essen konnte. Unglaublich oder? Diese enge Verbindung nahm ich in meiner Zeit als Kind und Jugendlicher gar nicht wahr. Erst spät wurde mir bewusst, wie schön und intensiv dies sicherlich auch für meine Oma war. Ich muss nicht erwähnen, dass alle ihre Freundinnen natürlich auch zu ihrer Beerdigung kamen und ihr das letzte Geleit gaben. Sie kannten sich zu diesem Zeitpunkt über 70 Jahre.

Nun fehlt in diesem Familienstrang noch mein Vater, Opa Uwe, den ihr ja noch sehr gut gekannt habt. Deshalb gehe ich auf ihn hier nicht so ausführlich ein. Er teilte das Schicksal von Millionen anderer Kinder und wuchs als Halbwaise auf. Er war laut meiner Oma ungefähr 3 ½ Jahre alt, als er seinen Vater zum letzten Mal sah, als dieser auf seinem letzten Heimaturlaub in Hamburg war. Opa Uwe verließ mit einem Hauptschulabschluss die Schule und machte in den Jahren 1956 bis 1959 eine Ausbildung zum Maschinenbauer, oder wie er immer selbst sagte als „Schlosser". Er trat damit in die Fußstapfen seines Großvaters (Arbeiter in Flensburg) und seines Vaters (Mechaniker). Nach seiner Ausbildung blieb er in den Betrieb, wir würden heute von einer „kleinen Klitsche" sprechen, in Wandsbek als Geselle. Die Firma hieß Jungnickel und befand sich in der Wandsbeker Zollstraße. Der Vorteil war für ihn, dass er einen Arbeitsweg von 5 Minuten zu Fuß hatte und in der Mittagspause oft zum Essen nach Hause kam. Für mich als Kind war es vollkommen normal, dass die Familie zusammen Mittag aß. Der Nachteil lag darin, dass er in dieser kleinen Firma nicht viel Geld verdiente. Eine Tatsache, die natürlich noch mehr Gewicht bekam, als ich mich 1963 zum Dienst meldete.

Als kleines Kind habe ich von dieser Tatsache nichts mitbekommen. Anfang /Mitte der Siebziger Jahre wechselte er dann zu einem der drei Großen. Was war damit gemeint? In der Nachkriegszeit entstanden in Deutschland drei große Chemiekonzerne. Dies waren BASF und Bayer, die es bis heute gibt und die auch im DAX sind. Der dritte im Bunde war Hoechst. Ein Unternehmen mit seinem Hauptwerk in Frankfurt am Main. Das Unternehmen war so groß, dass bis heute in Frankfurt ein ganzer Stadtteil danach benannt ist (Frankfurt-Hoechst). Natürlich hatte dieser Konzern viele Außenstandorte, einen davon in Hamburg-Wandsbek. Opa Uwe fand dort eine Anstellung als „Schlosser" und fuhr ab sofort mit dem Fahrrad zur Arbeit. Außerdem verdiente er plötzlich richtig gutes Geld. Stichwort Geld! Bei Hoechst gab es einmal im Jahr einen so genannten Bonus. Eine Sonderzahlung zum regulären Gehalt. Die Höhe richtete sich danach, wie viel Gewinn der Konzern in abgelaufenen Jahr erzielt hatte. Dieser Bonus konnte in bar (nur Bares ist Wahres!) oder in Form von Aktien ausgezahlt werden. Keiner in unserer Familiengeschichte hatte Erfahrungen mit Aktien. Was war denn das für ein Teufelszeug? Nein, so würde ich es nicht ausdrücken wollen, sondern vielmehr als Metapher vom Beginn einer spannenden Reise mit Höhen und Tiefen. Er kaufte bzw. bekam in den siebziger Jahren die ersten Mitarbeiteraktien. Er zeigte daran wenig Interesse, freute sich aber über die jährlichen Dividendenzahlungen. Ich kann nicht sagen warum, aber in den achtziger und frühen neunziger Jahren entwickelte ich plötzlich Interesse daran und dies ist bis heute so geblieben.

Opa Uwe wäre sehr gerne bis zur Rente bei Hoechst geblieben. Aber in den 90ziger Jahren gab es in der Industrielandschaft große Veränderungen und internationale Zusammenschlüsse, denen sich auch Hoechst nicht entziehen konnte. Der Konzern wurde aufgespalten, unbenannt und in Einzelteilen verkauft. Das Hamburger Werk wurde einfach geschlossen. Opa Uwe wurde arbeitslos und ging dann ein Jahr später mit 60 Jahre in die Rente. Dies war im Jahre 2000.

Im Jahre 2015 feierten wir seinen 75. Geburtstag. Wo? Na natürlich in unserem Familienrestaurant im Eichtalpark. Es war ein schöner und warmer Tag Mitte Mai und der Park freute sich uns zu sehen. Neben Opa und Oma und uns waren auch noch Oma und Opa „Keller" dabei. Beim Essen merkten wir, dass Opa Uwe eine merkwürdig gelbe Gesichtsfarbe hatte. Natürlich sprachen wir dies an und er ging darauf in der kommenden Woche zum Arzt. Es folgten Krankenhauseinweisungen in Wandsbek und schließlich in Barmbek. Ein paar Wochen später stand die Diagnose fest: Leberkrebs. Tatsächlich gingen er und meine Mutter ziemlich gefasst damit um, zumindest uns gegenüber. Die Ärzte verordneten ihm sofort eine Chemotherapie, der noch 2 Weitere folgten. Mit seinem Gesundheitszustand ging es bergauf und bergab. Opa Uwe starb ein Jahr später, kurz vor seinem 76. Geburtstag, im Hospiz in Buchholz. Bei seiner Einäscherung trug es das NY Baseball Cap, dass wir ihm 2014 aus New York mitgebracht hatten.

Kapitel 6 Stammbaum und Geschichte Familie Harm/
Wiedemann

Nun gut, der Familienstrang von Opa Uwe war noch
recht übersichtlich. Jetzt wird es ein bisschen komplizier-
ter. Doch der Reihe nach. Wie beginnen mit meinen Großeltern.

Elisa Wiedemann 1913 -2000 war meine Oma und hieß
bei allen nur Oma Ische. Sie war die ungekrönte Patriarchin der Familie und bestimmte die Geschicke in der
Roonstraße 28 und in der Familie. Meine Oma war eine
gutherzige aber auch sehr bestimmende Frau. Sie arbeitete bis zur Rente als „Putzfrau" bei der großen Feuer-
wehrwache am Berliner Tor. Sie war dort die Chefin des
Reinigungsteams. Nach ihrem letzten Arbeitstag wurde
sie von den Feuerwehrmännern im Leiterwagen nach
Hause gefahren. Als der Wagen in die Roonstraße hinein-
fuhr schaltete der Fahrer das Blaulicht, die Sirene ein und
hielt mit großen Auftritt vor der Nr. 28. Ja, so kann man
das Arbeitsleben auch beenden. Natürlich konnte Oma
Ische auch richtig gut kochen und backen. Eines meiner
Lieblingsgerichte, übrigens bis heute, waren und sind Frikadellen. Jetzt muss ich nicht erwähnen, dass Oma Ische
die schwere Kriegs- und Nachkriegszeit mit Hunger und
Entbehrungen durchmachte. Dies führte bei dieser Gene-
ration zu „Nachholeffekten". Machte sie zum Beispiel
ihre Frikadellen, dann schwammen diese Fleischklopse
immer in ganz viel Butter, die beim Servieren über die Frikadellen und Kartoffeln gegossen und mitgegessen

wurde. Dies war auch bei anderen Gerichten der Fall. Geschadet hat es mir nicht, zumindest bis heute nicht. Beim Backen waren meine Lieblingskuchen der Schokopuffer und der Pflaumenkuchen. Der Schokopuffer war natürlich keine Backmischung, sondern ein frischer Rührteig. Ich durfte dann immer die Schokotropfen in den Teig geben. Gab es frischen Kuchen und ich war dort, bestand meine Aufgabe darin, frische Sahne zu beschaffen. Was ist schon ein Pflaumenkuchen oder Puffer ohne Sahne. Zum Glück gab es noch nicht die fürchterliche Sprühsahne, die ich bis heute nicht mag. Also wurde ich von Oma oder Opa mit ein paar D- Mark ausgestattet und verließ die Wohnung. Mein Weg führte mich nach oben zum Eppendorfer Weg. Dort angekommen hielt ich mich nach links und erreichte sehr schnell eine Eisdiele, die es bis heute dort gibt. Dort kaufte ich dann immer die frische Sahne. Sie kam aus einer Sahnemaschine und wurde im große Pappschalen abgefüllt und eingepackt. Dann ging es zurück und die Kuchenschlacht konnte beginnen.

Sehr gerne ging ich auch mit meiner Oma zum Einkaufen. Es gab am Eppendorfer Weg ganz viele Geschäfte, wie z.B. Gemüse, Blumen, Fisch, Schlachterei und so weiter. Überall wurden wir freundlich begrüßt und neben dem Einkauf gab es immer auch den Austausch von Neuigkeiten. Man kannte sich halt im Kiez. Außerdem fiel für mich oft etwas ab. Zum Beispiel ein kleines Würstchen beim Schlachter oder eine Mini Brötchen beim Bäcker.

Ich hatte ja bei meiner Oma Lydia schon über den Verbleib meines Taschengeldes berichtet. Neben den kleinen

Soldaten, habe ich ja auch noch größere Cowboys, Indianer (hihi) und Soldaten. Deren Ursprung ist auch auf Oma und Opa zurückzuführen. Denn es gab am Eppendorfer Weg auch noch ein Spielzeuggeschäft. Im Fenster wurden diese Figuren ausgestellt. Jedes Mal, wenn wir dort vorbeikamen, konnte ich meine Großeltern überzeugen, dass ich unbedingt mindestens eine Figur brauchte. So entstand meine große Sammlung. Ich erinnere mich noch gut daran, dass mich einmal Stefan in die Roonstraße begleitete. Wir schlugen dann zusammen in diesem Spielwarengeschäft auf und hätten natürlich das ganze Geschäft leer kaufen können. Meine Großeltern konnten dies aber verhindern. Trotzdem gingen wir an diesem Tag mit reicher Beute nach Hause.

Gerhard Wiedemann war mein Opa und hieß für mich Opa Gerhard. Er war der zweite Ehemann von Oma Ische. Der erste Mann fiel im Krieg. Deshalb auch die zwei Namen Harm (der erste Mann) und Wiedermann (der zweite Mann).

Opa Gerhard war ein ruhiger und gelassener Mann. Wahrscheinlich war ihm schon sehr schnell klar, dass er sich gegen Oma Ische nicht durchsetzen konnte und akzeptierte den 2.Platz. Auch Opa Gerhard war im Krieg. Er erzählte mir oft Geschichten davon. Tatsächlich hatte er einiges zu erzählen. Keine Sorge, ich halte den geschichtlichen Ausflug kurz. Also im 2.Weltkrieg kämpfte die Wehrmacht auch in Afrika. Dieser Afrikafeldzug endete 1943 mit der Kapitulation der Wehrmacht, weil die Alliierten eine große Übermacht in Stellung gebracht hatten. Opa Gerhard ging in amerikanische Gefangenschaft und wurde mit einem Frachtschiff in die USA gebracht. Mitten im „wilden Westen" war er gute 2 Jahre gefangen, musste aber nicht viel ausstehen. Nach dem Ende des Krieges wurde er schnell entlassen und zurück nach Deutschland gebracht. Hier nahm er wieder Kontakt zu Oma Ische auf, die bereits wusste, dass sie Kriegswitwe mit 4 Kindern war. Die Beiden kannten sich schon vor dem Krieg, heiraten dann schnell und zogen in die Roonstraße 28. Opa Gerhard war von Beruf Klempner in Hamburg Altona. Ein Job, der in der Nachkriegszeit in den Altbauten von Altona oft bedeutete, verstopfte Toiletten und Abflüsse wieder gangbar zu machen. Doch dies störte meinen Opa nicht. Ohnehin muss ich sagen, dass beide ihren Arbeiten mit erhobenen Haupt nachgingen. Sie setzten sich in einer schweren Zeit durch und erzogen und ernährten eine große Familie. Meine beiden Omas und mein Opa hatten schon für mich eine Vorbildfunktion. Spannend ist, dass einem solche Erkenntnisse oft erst viel später bewusstwerden.

Auch mit meinem Opa ging ich gerne zum Einkaufen. Er war aber nur für die Getränke zuständig. Dafür hatten wir es auch nicht weit. Wir verließen die Wohnung und direkt an der Einmündung zum Eppendorfer Weg war ein für diese Zeit typischer Kiosk. Er gab dort nur Getränke, Tabakwaren und Zeitungen. Mein Opa kaufte im Alltag immer das Bier Holsten Edel als Knolle. Gab es ein Geburtstag oder es kamen sonst Gäste, wurde das „vornehmere" Holsten Pilsner gekauft. Keine Knolle, sondern eine Flasche mit Stanniol Verzierung. Das Bier brachten wir dann immer in einem durchsichtigen Einkaufsnetz nach Hause. An dieser Stelle muss ich einmal eine Lanze brechen. Die alte Feindschaft, HSV Fans trinken Holsten und St.Pauli Fans trinken Astra. Hey stopp Leute! Hamburg ist einer der schönsten Städte der Welt. Wir haben hier genug Platz für Holsten und Astra gemeinsam. Außerdem spielen unserer Mannschaften doch seit einigen Jahren einträchtig zusammen in der 2.Bundesliga Fußball. So, das musste einmal gesagt werden.

Darüber hinaus rauchte Opa Gerhard gerne und viel. Er bevorzugte die Marken Overstolz ohne Filter und Chesterfield. Man könnte auch sagen, er rauchte echte Sargnägel. Ich erinnere mich daran, dass ich so 19 oder 20 Jahre alt war. Ich holte damals meine Großeltern ab, die einen Urlaub an der Ostsee verbracht hatten und in dieser Zeit täglich eine „Butterfahrt" gemacht hatten. Opa Gerhard hatte einen Aktenkoffer dabei. Als ich die Beiden abholte öffnete er stolz den Koffer, der gefüllt war mit Zigarettenschachteln, die er jeden Tag zollfrei eingekauft hatte. Meine Großeltern konnten sich über kleine Dinge richtig freuen. Eine schöne Gabe.

Doch noch einmal zurück zur Roonstraße 28. Die Wohnung meiner Großeltern war das Zentrum der Familie. Es gab dort oft Feiern und Zusammenkünfte. Manchmal wurde sogar getanzt. Dann wurden auf einem Plattenspieler die Hits und Schlager von Hans Albers, Heino, Freddy und anderen Stars gespielt. Ich war dann der DJ und legte die Platten auf. Mein „Mischpult", ok mein Plattenspieler, stand dann auf dem Flur und im Wohnzimmer wurde getanzt. Wie ihr sehen könnt, wurde ich schon sehr früh an die Arbeit als DJ herangeführt. Bis heute denke ich gerne an diese Zeit zurück, wenn ich mal ein Lied von den damaligen Stars höre.

Während mein Vater Einzelkind war und ich somit von dieser Seite auch keine Tanten oder Onkel hatte, war dies bei meiner Mutter ganz anders. Ich stelle vor:

Tante Ursula und Onkel Kuddel
Sie war die ältere Schwester von Oma Elli und wohnte mit ihrer Familie in der Amandastraße Ecke Schulterblatt, also mitten auf der Schanze. Mit ihrem Mann Kuddel hatte sie 3 Kinder Bärbel, Angelika und Butschi, meine Cousinen und Cousin. Kuddel war Mauer und Ursula arbeitete in einem Blumengeschäft.

Onkel Peter und Tante Christa
Onkel Peter war der Bruder von meiner Mutter. Die beiden hatten keine Kinder und wohnten mitten in St. Georg. Die Straße heißt Koppel und läuft parallel zur Langen Reihe. Peter arbeitete bei Philips in Alstersdorf. Er war dort als Arbeiter beschäftigt. Eine Tätigkeit, der jeder in unserer Familie mit erhobenen Hauptes nachging. Peter hatte aber damit ein Problem. Er fuhr u.a. immer mit einem Aktenkoffer zur Arbeit, in dem sich nur sein Essen befand und vielleicht noch ein Regenschirm. Hier war das Motto, mehr Schein als Sein. Christa war Hausfrau.

Tante Renate und Onkel Herbert
Sie war die jüngere Schwester von Oma Elli. Tante Renate hatte selber keine Kinder und hat sich deshalb immer sehr für mich interessiert und war meine Lieblingstante.

Sie wohnte bzw. wohnt ihr Leben lang in der Roonstraße. Es gibt bestimmt Schlimmeres. Als sie mit ihrem Mann Herbert zusammenkam, wurde gegenüber von meinen Großeltern in der Haus Nr. 29 eine Wohnung frei, die die Beiden gemietet haben. Herbst war auch Arbeiter in der Verpackungsindustrie. Renate arbeitete in einer Fabrik, die Batterien herstellte.

Das waren die Vollgeschwister meiner Mutter, die Oma Ische zusammen mit ihrem ersten Ehemann (Familienname Harm) bekam. Doch dann bekam sie auch noch mit Opa Gerhard 2 weitere Kinder, die Halbgeschwister meiner Mutter

Tante Cornelia und Onkel Günther

Die Halbgeschwister waren natürlich um einiges jünger. Deshalb nannte ich sie auch nicht Tante oder Onkel. Die Beiden sah ich mehr als Freunde an. Cornelia wurde nur Conschi genannt. Sie hatte Friseurin gelernt und schnitt mir viele Jahre die Haare. Auch noch, als ich schon in der Ausbildung war. Dies war praktisch, weil die Berufsschule in Eimsbüttel war und Conschi dort in der Hartwig-Hesse-Straße wohnte. Ich spielte immer mit meinen kleinen Cousinen und passte manchmal auch auf die Beiden auf, wenn meine Tante etwas zu erledigen hatte. Sie hatte mit Günther 2 Töchter bekommen, Andrea und Michaela meine beiden weiteren Cousinen. Leider verstarb ihr Mann Günther sehr früh, weil er viel zu viel Alkohol trank. Er war lange bei der Müllabfuhr, sorry bei der Hamburger Stadtreinigung, beschäftigt. Zu dieser Zeit wurde dort offensichtlich gerne auch mal ein Drink genommen. Dann ist er wohl in eine Spirale geraten, aus der er nicht mehr herauskam. Obwohl ich regelmäßig dort war, habe ich von dieser ganzen Problematik nichts mitbekommen. Conschi hat dann später noch einmal geheiratet. Mein Draht und Kontakt zu den Halbgeschwistern meiner Mutter war schon sehr intensiv.

Onkel Gerhard

Der Halbbruder von Oma Elli hieß wie sein Vater Gerhard mit dem Zusatz Junior. Zu ihm gleich noch mehr.

Nun fehlt in diesem Familienstrang noch meine Mutter, Oma Elli, die ihr ja noch sehr gut gekannt habt. Deshalb gehe ich auf sie hier nicht so ausführlich ein. Oma Elli wurde im Jahre 1939 geboren. Sie war noch ein Kleinkind, als Ihr Vater im Krieg fiel. Deshalb sprach sie auch immer davon, dass sie ihren richtigen Vater nie kennengelernt hat. Ihren Stiefvater, Opa Gerhard nannte sie immer der „Alte" wie dies übrigens auch ihre Geschwister taten. Nur Conschi und Gerhard Junior nannten ihn Vater. Oma Elli verließ mit einem Hauptschulabschluss die Schule und machte in den Jahren 1955- 1958 eine Ausbildung zur Einzelhandelskaufrau in einem kleinen Lebensmittelgeschäft in Eppendorf. Sie fühlte sich dort nicht so wohl und verdiente auch nicht besonders gut. Deshalb suchte sie sich nach der Ausbildung eine andere Arbeitsstelle. Fündig wurde sie, die lebenslange Nichtraucherin, bei der Firma Reemtsma in Hamburg- Wandsbek. Sie stellte Zigaretten an einer Maschine her. Hier arbeitete sie von 1958 -1963. Die Arbeit machte ihr viel Spaß und wurde gut bezahlt. Trotzdem hat meine Mutter nie in ihrem Leben geraucht. Gerade bei Reemtsma hätte sie natürlich jede Menge „Freizigaretten" bekommen können. Später einmal erzählte mir meine Mutter, dass diese 5 Jahre bei Reemtsma ihren Besten und schönsten Jahre im Beruf waren. Nebenbei lernte sie in Wandsbek meinen Vater kennen. Ach ja, ich war dann auch der Grund, warum sie bei Reemtsma aufhören musste. Es gab damals keine Kita Plätze oder etwas Ähnliches. Die Geburt eines Kindes bedeutete meistens das Ende der beruflichen Zeit für die Mutter. So auch bei Oma Elli.

Wie ich in den frühsten Erinnerungen bereits geschrieben hatte, arbeitete sie nach meiner Geburt stundenweise als Putzfrau. Ich habe überlegt, ob der Begriff OK ist. Ich denke aber, sie wäre damit einverstanden gewesen. Sie hatte in den nächsten Jahrzehnten mehre feste Stellen. Ich hatte ja bereits über den Job bei Frau Opitz am Rotherbaum gesprochen. Nun irgendwann verstarb Frau Opitz und der Job war beendet.

Oma Elli fand dann in einer Spedition in Billbrook eine feste Anstellung. Zweimal in der Woche machte sie abends die Büros und Räume sauber. Da sie sehr zuverlässig und akkurat arbeitete, fragten die Besitzer der Spedition, ob sie nicht auch das Wohnhaus mit sauber halten wollte. So fuhr sie dann auch noch einmal die Woche in die Villa in Wandsbek- Marienthal. Gefühlt ging dies über 15 Jahre so. Als ich dann später Auto fuhr und noch Zuhause wohnte, habe ich sie häufiger abends in Billbrook abgeholt, weil Oma Elli nie einen Führerschein gemacht hatte. Für sie war das aber ganz normal. Heute undenkbar.

Von der Wohnung her war Oma Elli lange sehr unglücklich. Sie mochte die kleine Wohnung in der Puvogelstraße 7c nicht, vielleicht hat sie sie auch nie gemocht. Nur Opa Uwe wollte nicht ausziehen. Doch im Jahre 2005, ihr ward noch klein, setzte sie sich durch. Der Grund lag darin, dass die neue Wohnung gegenüber in der Puvogelstraße 6 lag. Die Wohnung kennt ihr gut von unseren Besuchen dort. Den Umzug dorthin machten wir gemeinsam. Meine Mutter nutzte den Umzug und kaufte viele Möbel neu. Zum Beispiel hatte sie ja bisher keine Küche und somit auch keine Küchenmöbel. Ich fuhr dann auch mit meinen Eltern zu einigen Möbelhäusern und meine Mutter fand dies alles richtig gut. Der Umzug war für sie so etwas wie ein Befreiungsschlag. Sie fühlte sich dann auch richtig wohl in der Puvogelstraße 6. Auch mein Vater machte dann schnell seinen Frieden, außerdem konnte er vom Balkon der neuen Wohnung direkt auf das alte Zuhause sehen.

Oma Elli hatte sicherlich kein leichtes Leben. Deshalb war es ihr in den späteren Jahren immer wichtig, dass es kein Ärger gab. Wir telefonierten zweimal in der Woche zusammen. Mittwochs rief ich sie vom Büro aus an und am Sonntag von Zuhause. Immer wenn es irgendwelche Probleme gab, riet sie mir einfach kleinbeizugeben und kein Ärger bekommen. Zugegeben ist dies eine Strategie, aber keine Gute. Ich finde es besser, dass ihr Eure Meinung vertretet und ggf. auch mal Ärger dafür in Kauf nehmt. Dies ist übrigens auch meine bevorzugte Strategie. Zum Leidwesen meines beruflichen Umfeldes.

Sie war sehr stolz auf Euch und ihr habt ihr und auch Opa Uwe viel Freude geschenkt, einfach nur durch euer da sein.

Im Mai des Jahres 2015 brach dann ja die Krebserkrankung von Opa Uwe aus. Oma Elli und wir trafen uns regelmäßig in den Krankenhäusern. Ich stellte dabei zunächst keine Veränderung bei ihr fest. Im Sommer fing sie dann stark an zu husten und sie ging, auf Zureden, endlich zum Arzt. Die Diagnose Krebs war für alle ein Schock. Sie musste sofort mit der Chemotherapie beginnen. Leider konnte sie diese überhaupt nicht vertragen. Sie wechselte ständig zwischen dem Krankenhaus und Zuhause. Natürlich stellte ich fest, dass sie an Gewicht verlor, aber sie hatte ja auch eine schwere Krankheit. Ihr habe sie zum letzten Mal im Oktober 2015 gesehen. Es waren die Herbstferien und wir hatten uns mit meinen Eltern in der Puvogelstraße verabredet. Zunächst waren wir noch in der Mönckebergstraße zum Einkaufen und wollten dann nach Wandsbek fahren. Mein Vater rief uns unterwegs an und fragte, wann wir dann kommen würden. Ihr wart über Oma Elli ein wenig erschrocken, weil Sie Entzündungen im Mund- und Gesicht hatte. Es ging ihr wirklich nicht gut, sie ließ sich aber nichts anmerken.

Das nächste Treffen sollte die Nachfeier Eurer Geburtstage im November sein. Oma und Opa sagte telefonisch einen Tag vorher ab, weil sie noch etwas Zeit brauchten. Ich sah die Beiden regelmäßig, weil ich zweimal die Woche die Einkäufe machte. Heute frage ich mich, ob mir nicht etwas hätte auffallen müssen. Leider war es dann so, dass Oma Elli abends am 21.12.2015 auf die Intensivstation des Krankenhauses gekommen ist. Am nächsten Tag entschied ich im Gespräch mit der Ärztin, dass wir keine Lebenserhaltungsmaßnahmen mehr machen würden. Eine gute Stunde nach dem Gespräch verstarb Oma Elli. Danach beichte mir Opa Uwe, dass sie schon seit Wochen nicht mehr richtig gegessen hatten, er uns dies aber nicht sagen durfte. Heute glaube ich, dass sie gehen wollte.

Uff, kein schönes Thema. Wie komme ich jetzt zurück in die Geschichte. Mit guten Gedanken. Vielleicht mit einer Tradition, die beide Familienstränge verbindet. Ich möchte euch an dieser Stelle von Weihnachten erzählen, dass viele Jahre in der immer gleichen Art und Weise gefeiert wurde. OK, auch wir haben unsere Tradition, die ich sehr mag bzw. mochte. Doch zurück, ich schweife ab!

Also am Heiligen Abend waren wir in der Puvogelstraße. Der Tag begann damit, dass Oma Elli zum Einkaufen ging. In dieser Zeit machten sich dann Opa Uwe und ich uns zu Fuß auf den Weg zum Wochenmarkt am Wandsbeker Markt. Dort kauften bzw. holten wir den vorbestellten Weihnachtsbraten ab. Meistens gab es eine ganze Ente, manchmal aber auch ein Stück Wildschwein. Am Nachmittag kam meine Oma Lydia zu uns rauf und es gab Kaffee und ihre Hirschhorn Kekse. Weihnachten war eingeläutet. Meistens ging Oma Lydia dann wieder nach unten in Ihre Wohnung, um noch ein paar Freundinnen zu Weihnachten anzurufen. In dieser Zeit schob Opa Uwe dann den Weihnachtsbraten in den Ofen. Dafür war er verantwortlich Oma Elli mochte weder Wild noch Ente. Deshalb gab es für sie immer noch ein kleines Beefsteak aus der Pfanne. Am Abend gab es dann den leckeren Braten und dann endlich die Bescherung. Als ich kleiner war, freute ich mich immer sehr z.B. über Teile für meine Märklin Eisenbahn oder für meine Autorennbahn. Später, ihr kennt es ja, waren es oft Geldgeschenke. Dann ging auch schon der Heiligen Abend zu Ende.

Am ersten Weihnachtstag war das große Familientreffen in der Roonstraße. Oma Lydia kam nicht mit. Also fuhr ich mit meinen Eltern mit Bus und Bahn in die Roonstraße. An diesem Tag bestand Anwesenheitspflicht für alle! Wir trafen uns bereits gegen 10 Uhr. Die Männer hatten alle ihre dunklen Anzüge an und die Frauen trugen festliche Kleider. Kaum angekommen machten sich die Männer, mein Cousin und ich gehörten natürlich dazu, auf dem Weg zum Frühschoppen. Wir gingen die Roonstraße hinauf und kamen schnell zum Eppendorfer Weg. Zu dieser Zeit gab es hier bestimmt 3-4 Kneipen, die an diesem 1.Weihnachtstag alle geöffnet waren. Wir waren offensichtlich nicht alleine mit unserem Durst. Opa Gerhard suchte die Kneipe aus und dann tranken die Männer erst einmal in Ruhe ein frisch gezapptes Bier vom Fass. Ich bekam meistens eine Cola oder Sinalco. Außerdem setzte man mich vor einem der Geldspielgeräte, die es in jeder Kneipe gab. Mein Vater und jeder meiner Onkel drückte mir 50 Pfennigstücke in die Hand, die dann umgehend in den Automaten warf. Also ich kann mich nicht daran erinnern, dass ich einmal mit einem Gewinn wieder die Kneipe verlassen habe. Gegen Mittag machten wir uns trotzdem wieder auf den Weg zur Roonstraße. Schon im Treppenhaus konnten wir riechen, was uns gleich erwarten würde. In unserer Abwesenheit hatten die Frauen, natürlich unter Aufsicht und mit Anweisungen von Oma Ische, Grünkohl gekocht. Kaum waren wir angekommen, verteilten wir uns in den beiden Wohnzimmern und zum Teil auch in der Küche. Dann wurden die Schlüssel und Platten mit dampfenden Grünkohl, knusprigen Kartoffeln und Bergen von Fleisch und Kohlwürstchen hineingetragen. Es war ein wahres Festmahl. Natürlich muss ich nicht erwähnen, dass jeder zu viel aß. Doch darauf war Opa Gerhard vorbereitet. Ein Ritual bestand darin, dass er nach dem Essen mit einer Metallkiste von Underberg, ein Magenbitter als Verteiler, herumging und jedem der wollte oder auch nicht, ein Underberg aus der Kiste zuführte. Wir Kinder waren davon natürlich ausgenommen. Danach wurden die Gespräche ruhiger. Wir Kinder freuten uns dann über die Geschenke von Oma und Opa und den Tanten und Onkeln. Für mich gab es noch eine Besonderheit. Tante Renate kam dann immer auf immer zu und sagte, dass mein Weihnachtsgeschenk oben in ihrer Wohnung wartete. Der Weihnachtsmann hatte es dort abgegeben. Ihr versteht! Also verließen wir zu zweit die Hausnummer 28 und gingen auf die andere Straßenseite zur Nr. 29. Ihre Wohnung lag im zweiten Stock. Auch hier roh es im Treppenhaus nach Essen und zum Teil auch schon nach frischem Kaffee. Oben angekommen, musste ich zunächst immer erst etwas vom Tannenbaum naschen. Bei meiner Tante, aber nicht nur bei ihr, war der Weihnachtsbaum immer mit Schokoladen und Keksen geschmückt, die darauf warteten aufgegessen zu werden. Dann bekam ich mein Geschenk. Ich freute mich, wie schon gesagt, dann oft über ein weiteres Teil für meine Märklin Eisenbahn. Als wir wieder runterkamen begannen die Vorbereitungen für das Kaffeetrinken. Ich sage nur Puffer. Aber zu Weihnachten gab es auch Lebkuchen und Stollen. Anschließend machten sich dann alle auf den Weg nach Hause. Es gab ja schließlich noch einen Tag.

Der zweite Weihnachtstag war der „Putertag" bei uns in der Puvogelstraße. Morgens musste auf Anweisung meiner Mutter immer der Puter früh, zu früh, in den Ofen geschoben werden. Die Aufsicht hatte wieder mein Vater. Oma Elli ging dann, oft von mir begleitet, zu Fuß zu unserem Familienbäcker für besondere Anlässe. Stimmt! Dies ist natürlich Andersen am Wandsbeker Markt. Ihr durftet ja auch bis 2012 diesen herrlichen Kuchen, ich sage nur Sascha, genießen. Was für ein Jammer war doch diese Pleite von Andersen und die endgültige Schließung im Jahre 2012. Doch zurück zu Weihnachten. Unsere und meine Favoriten waren damals die Vanilleschnitte, die Nussschnitte mit Marzipan und die gefühlte Sandtorte. Oh, wie lecker. Also mit dem Kuchen bewaffnet ging es zurück in die Puvogelstraße. Mittags klingelte es dann an der Tür. Es waren Oma Ische, Opa Gerhard und fast immer auch Gerhard Junior die am zweiten Weihnachtstag zum Puter Essen zu uns kamen. Natürlich war an diesem Tag auch meine Oma Lydia mit dabei. Der Puter war immer zulange im Ofen und war deshalb ein wenig trocken. Aber meine Mutter ließ sich nicht davon abbringen, weil sie Keime und ähnliches fürchtete. Zum Glück schaffte es mein Vater eine gute Soße dazu herzustellen. Damit konnte man dann auch den etwas trocken Puter gut essen. Noch besser war man dran, wenn man einen der Schenkel erwischte. Nach dem Kaffee ging dann auch dieses Weihnachtsfest zu Ende. Noch eine kleine Ergänzung. Als ich ab meinem 18.Lebensjahr ein aktiver Autofahrer war, holte ich am 2.Weihnachtstag die drei mit dem Auto ab. Ich fuhr also los und hielt mich erst einmal Richtung Innenstadt. Ich fuhr am Eilbekkanal bis zur Alster dann weiter am Dammtor vorbei ging es in die Bundesstraße und den Eppendorfer Weg bis zur Roonstraße. Nun ich fuhr einen grünen Opel Kadet mit nur 3 Türen. Gekauft als sieben Jahre alten Gebrauchten für 5200,-DM, dies wären heute 2600,-€. Hinten waren zwar 2-3 Plätze, aber es war eng. Nun wer saß vorne, natürlich immer Oma Ische. Die beiden Gerhards mussten sich hinten rein zwängen. Am Nachmittag fuhr ich die drei dann wieder nach Hause. Ich darf nicht vergessen zu erwähnen, dass ich dann immer von Oma Ische noch einen Schein als Benzingeld zugesteckt bekam.

Ich werde mich immer an diese Weihnachtsabläufe erinnern. Ihr fragt Euch vielleicht, was aus dieser Familie wurde. Nun es war nicht nur an Weihnachten so. Es wurden eben auch viele Geburtstag gemeinsam gefeiert. Wir sahen uns regelmäßig.

Leider war es so, das Mitte / Ende der 80ziger Jahre Oma Ische dement wurde. Der Verlauf war ziemlich schnell und extrem. Sie musste dann in ein Pflegeheim eingewiesen werden. Jetzt zeigte sich etwas, was ich auch erst später verstanden hatte. Oma Ische war es, die die gesamte Familie zusammenhielt. Oft gab es auch zwischen den Geschwistern Meinungsverschiedenheiten. Aber wenn Oma Ische bestimmte, jetzt ist Schluss und wir vertragen uns wieder, was es so. Natürlich nur oberflächlich. Als die Patriarchin nicht mehr steuerte brach die Familie auseinander. Gemeinsame Weihnachten gab es nicht mehr und die Besuche zu den Geburtstagen wurden auch schnell weniger. All dies verfolgte ich aus der Entfernung, weil ich natürlich auch mein eignes Leben mit erster Wohnung etc. aufbaute. Wie bereits gesagt, ich konnte dies alles erst später einordnen.

Hat mich dies traurig gemacht. Vielleicht ein bisschen. Aber es überwiegt das gute Gefühl, dass ich dies erleben durfte und dabei war und die Erkenntnis, dass alles im Fluss ist. Hey stopp, ich bewege mich ja schon wieder auf die Kategorie Lebensweisheiten zu.

Kapitel 7 Ein besonderer Mensch:

Ich möchte euch jetzt Gerhard Junior, den Halbbruder von meiner Mutter, vorstellen. Wie schon erwähnt, habe ich ihn nie Onkel genannt, sondern immer nur Gerhard. Schließlich trennen uns auch nur ca. 15 Lebensjahre. Ein Onkel ist irgendwie älter.

Gerhard bekam den gleichen Vornamen wie sein Vater. Meine Mutter erzählte mir einmal, dass es bei der Geburt leider Komplikationen gab. Deshalb kam Gerhard auch in der Schule nicht so gut mit. Er trug bereits seit Kindertagen eine dicke Brille, weil er stark kurzsichtig war. Außerdem stotterte er, wenn er sich aufregte oder zu schnell sprach. Alles im Allem hatte er sicherlich nicht die besten Startvoraussetzungen. Aufgrund der Umstände sprach er auch nicht so viel, wenn wir zu Familienfeiern zusammenkamen. Dies führte einmal dazu, dass mein Vater Gerhard wie folgt beschrieb: „Gerhard kommt zur Feier, sagt Hallo, trinkt eine Kiste Bier, sagt Tschüss und geht nach Hause." OK, Gerhard trank gerne sein Bier, aber diese Beschreibung würde ihm überhaupt nicht gerecht werden. Trotz aller Widrigkeiten gab er nicht auf. Alleine dafür sollte jeder vor ihm den Hut ziehen.

Aufgrund seiner Einschränkungen lief es in der Schule nicht perfekt. Deshalb machte er auch keine Ausbildung hinterher. OK, in den sechziger oder siebziger Jahren des letzten Jahrhunderts konnte man oder frau auch so noch zurechtkommen. Für Gerhard bedeutet dies, dass er eine Arbeit bei einer Lampenfirma auf der Schanze fand. Die Firma verkaufte Lampen aller Art an

Firmen und Privatkunden. Viele dieser Käufe wurden von der Firma nach Hause geliefert. Gerhard hatte eine feste Stelle dort als Beifahrer eines Auslieferungsfahrzeuges. Einen Führerschein hatte er selber nicht. Doch dies störte zum damaligen Zeitpunkt niemand. Bei den Auslieferungen wies er den Fahrer regelmäßig ein und war ansonsten mit allen Aufgaben betraut, die bei den Kunden anfielen. Die Arbeit wurde halt auch nur durchschnittlich bezahlt. Deshalb wohnte Gerhard ja auch noch als Erwachsener bei den Eltern in seinem Zimmer in der Roonstraße.

OK, nicht, dass jetzt der Eindruck entstanden ist, Gerhard wäre geistig eingeschränkt. Nein, er dachte halt nur etwas länger nach, bevor er etwas sagte. Außerdem hatte er ein riesig großes Herz.

Für mich war Gerhard kein Onkel oder Verwandter. Ich sah in ihm immer einen sehr guten Freund. Immer wenn ich in der Roonstraße verweilte, verbrachten wir viel Zeit mit einander. Oft spielten wir lange Mau Mau, andere Spiele, sahen Fernsehen zusammen, gingen durch den Park usw. Wir sprachen auch über Bücher die ich gerade las und die Gerhard auch kannte. Als Erinnerung an ihn hüte ich ein Exemplar des Klassikers „Robinson" von Defoe. Das Buch ist leider in einem sehr schlechten Zustand. Im Klappentext ist ein Stempel mit der Aufschrift: Gerhard Wiedemann jun., Hamburg 30, Roonstraße 28, Außerdem erzählte er mir immer viel über seine Arbeit. Zusätzlich hatte er Tipps für mich, wenn es Probleme mit jemanden gab. Nur bei Fragen der Schule, wollte oder konnte er nichts sagen.

Es gab noch ein besonderes Spiel zwischen uns. Gerhard kam immer mit der U-Bahn nach Hause und stieg natürlich an der Haltestelle Hoheluftbrücke aus. Ich wusste die Zeit und meldete mich dann oft bei meiner Oma ab und holte Gerhard von der U-Bahn ab. Die Station Hoheluftbrücke hat nur einen Ausgang im vorderen Teil. Man kommt die Treppe hinunter und kann dann unter anderem nach links den Bahnhof verlassen und geht auf die Hoheluftbrücke zu. Direkt neben dem Bahnhofsgebäude befindet sich heute ein Wohnhaus und eine große Vermietungsstation vom Stadtrad Hamburg. Dies war aber nicht immer so. Vorher war hier viele Jahre ein Mc Donalds Restaurant. Doch wir gehen noch weiter zurück in der Zeit. Vor dem Mc Donalds Restaurant war hier eine Filiale des Wiener Waldes. Des was? Dies war eine Kette von Restaurants, die es heute zum Teil noch gibt. Zu „meiner Zeit" gab es Niederlassungen in ganz Deutschland und noch weiter. Beim Wiener Wald gab es Hähnchen aller Art mit Beilagen. Mein absoluter Favorit war ein halbes Hähnchen, knusprig gebraten, mit einer großen Portion Pommes mit Ketchup. Ihr kennt ja diesen unwiderstehlichen Geruch, wenn man an einem Hähnchen Bräter vorbeigeht. Genau dieser Geruch stieg mir in die Nase, wenn ich an der U-Bahnstation auf Gerhard wartete. Als er dann die Treppe herunterkam, begrüßten wir uns kurz und dann ging es langsam in Richtung Hoheluftbrücke. Jetzt begann unser Spiel. Ich erklärte, dass ich am Verhungern sei. Nur ein halbes Hähnchen könnte mich jetzt noch retten. Gerhard grinste und meinte, er hätte aber gar keinen Hunger. Hey kein Problem erwiderte ich, er könne doch ein kaltes Bier dort genießen, während ich gerettet wurde. Er überlegte und konterte mich mit dem Argument aus, dass sich doch Oma und Opa Sorgen machen würden, wenn wir nicht Nachhause kämen. Ich dachte, ich hätte ihn und sagte triumphierend, dass ich schon Bescheid gesagt hätte, dass wir ggf. später kämen. Jetzt holte er zum finalen Argument aus. Gerne würde er mir ein Hähnchen spendieren und selber ein Bier trinken. Leider hatte er aber heute Mittag sein letztes Geld ausgegeben. Oh wie süß fühlt sich doch das Gefühl des Sieges an. Ich zeigte ihm den Geldschein, den mir natürlich meine Oma mitgegeben hatte. Während unser Spiel ablief gingen wir natürlich weiter. Ich erinnere mich noch daran, dass wir einmal schon am Anfang der Bismarckstraße waren, als Gerhard sich geschlagen gab. Ich erinnere mich tatsächlich nicht an ein einziges Mal, wo wir nicht im Wiener Wald landeten. Wie gern habe ich auf den roten Plastikbänken gegessen mit Gerhard dort die Zeit verbracht und dieses unwiderstehliche Hähnchen mit der knusprigen Haut gegessen. Nicht zu vergessen die Pommes.

In den achtziger Jahren lief die Wirtschaft überall auf der Welt nicht mehr rund. Die Veränderungen machten auch vor meiner Familie nicht Halt. Die Firma von Gerhard stellte fest, dass sich der Verkauf von Lampen an Einzelpersonen nicht mehr lohnte und stampfte den Geschäftszweig ein. Plötzlich wurden auch weniger Auslieferungsfahrzeuge und Personal gebraucht. Gerhard, ohne Führerschein und Berufsausbildung, musste gehen.

Sollte ich mich richtig erinnern, war er über 15 Jahre für die Firma tätig gewesen.

Ein Verlust des Arbeitsplatzes löst bei jedem Betroffenen etwas anders aus. Für Gerhard war damit ein wesentlicher Teil seiner Lebensgrundlage weg. Die Arbeit gab ihn das Gefühl gebraucht zu werden, Teil einer Gemeinschaft zu sein, das Gefühl kein Außenseiter zu sein. Hinzu das Wissen von Unabhängigkeit, weil er sein eigenes Geld verdiente. All dies wurde mir natürlich erst später bewusst. Ich hatte in dieser Zeit selbst genug damit zu tun, meinen Platz im Leben zu finden und hatte nur noch wenig Kontakt zu Gerhard. Dies soll keine Entschuldigung sein, sondern nur eine Erklärung. Jetzt, beim Schreiben dieser Zeilen, bin ich traurig darüber, dass ich in dieser Zeit nicht für Gerhard da war und versucht habe, ihm zu helfen. Schließlich war er immer für mich da.

Er versuchte natürlich eine neue Arbeit zu finden, was aber bei der hohen Arbeitslosigkeit und der fehlenden Ausbildung schwierig war. Laut meiner Mutter zog er sich immer mehr in sein Zimmer zurück und trank wohl auch mehr Bier, als gut war.

Als dann auch noch meine Oma an Demenz erkrankte, war es zu viel für ihn. Er raffte all seine Kraft zusammen, suchte sich ein Zimmer und zog aus der Roonstraße aus. Er brach den Kontakt zur Familie ab. Nur seine Schwester, Conschi, soll zwischendurch mit ihm in Verbindung gestanden haben. Meine Eltern oder ich hatten seitdem bis heute nichts mehr von Gerhard gehört.

Gehe ich heute über die Hoheluftbrücke in Richtung Bismarckstraße erscheint ein Lächeln auf meinem Gesicht und ich denke an unsere Zeit, unser Spiel und an einen ganz besonderen Menschen.

Danke Gerhard, dass Du mich so viele Jahre begleitet hast und für mich da warst.

Kapitel 8 Schulzeit (Umgang mit Niederlagen)

Nun ja, ein neues Thema. Also ich wurde 1969 mit 6 Jahren eingeschult. Ich gehöre ja zu den so genannten Babyboomern und somit waren wir über 30 Kinder in meiner Klasse. Es gibt ein Einschulungsfoto von mir, zusammen mit Beate und Ulf aus der Gang. Da es zu meiner Zeit wirklich viele Kinder gab, war schon unser Schulweg immer interessant. Zu meiner Zeit gab es noch ein anderes Schulsystem. Die ersten 6 Jahren waren Grundschulzeit und dann ging es erst auf eine weiterführende Schule. Meine ersten 6 Jahre verbrachte ich in Grundschule Schimmelmannstraße. Heute arbeitet Rini nur wenige hundert Meter davon entfernt. Die Welt ist klein. Doch zurück zum Schulweg. Ich traf mich morgens mit einigen Kindern vor unserem Haus in der Puvogelstraße. Dann ging es ques über den damals noch freien Platz Richtung Am Neumarkt. Dort angekommen bog wir links ab und gingen in Richtung Luetkensallee. Während dieser Zeit kam immer mal wieder ein Kind aus einer der Seitenstraßen und schloss sich uns an. Dann bogen wir rechts in die Luetkensallee ein. Heute findet ihr dort eine Überführung der Bahnlinie. Zu meiner Zeit war hier eine große Eisenbahnschranke mit einem Schrankenwärterhaus. Immer, wenn ein Zug sich ankündigte, wurde die Schranke von Hand heruntergekurbelt. Für uns war dies immer sehr spannend, weil die Züge ganz dicht an der Schranke vorbeifuhren und man den Fahrtwind spürte. Dann ging anschließend die Schranke wieder hoch und wir erreichten die Gustav-Adolf-Straße. Hier verschwanden wir meistens in den Wohnlagen und "schlugen" uns querfeldein durch zur Schimmelmannstraße. Eine Ausnahme davon machten wir nur im Herbst. Dann führte uns ein kleiner Umweg durch den Osterkamp, weil diese Straße gesäumt war von Kastanienbäumen. Jeder von uns sammelte dann so viele Kastanien ein, wie es nur ging.

Der Rückweg verlief dann genau anderes herum. Ein Schulbus oder ein Elterntaxi gab es nicht. War auch nicht notwendig.

Kleiner Exkurs zu Enttäuschungen, Herausforderungen und Niederlagen. OK, dazu bestimmt später noch einmal mehr. Aber es gab in der 6. und 7. Klasse schon Ereignisse, die mich „beschäftigt" haben.

In meiner Grundschulzeit spielte ich mit großer Leidenschaft Fußball. Ich war „Stammspieler" in der Klassenmannschaft. Darüber hinaus wohnte ich ideal gegenüber von unserem Sportplatz. Ich traf mich dort immer mit 3-4 Jungen aus meiner Klasse und dann ging es los. Natürlich wurde der Platz auch offiziell genutzt. Unter anderem auch vom Fußballverein Concordia (Spitzname Cordi) Zur damaligen Zeit ein großer Verein mit seinem Stadium in Marienthal. Aufgrund der vielen Mannschaften, nutze Cordi auch unseren Platz für Trainingseinheiten. So kam es, dass wir den Ball kickten und gleichzeitig das Training lief. Eines Tages sprach uns der Trainer von

Cordi an. Er meinte, dass wir gut mit dem Ball umgehen würden und wir noch viel besser werden würden, wenn wir in den Verein eintreten würden. Er gab uns dazu die Beitrittsunterlagen mit. Natürlich waren wir stolz wie nur irgendwas. Leider gab es ein Problem. Meine Mutter sah sich die Unterlagen an und sagte dann zu mir, dass wir die Kosten nicht aufbringen konnten. Dem Mitgliedsbeitrag hätte sie irgendwie zusammen bekommen. Aber bei der Ausrüstung, wie z.B. Trikots oder die Fußballschuhe, musste sie aufgeben. Natürlich war ich enttäuscht. Konnte aber die ganze Entwicklung noch nicht absehen. Meine Schulfreunde wurde alle Mitglieder bei Cordi und trainierten in der Mannschaft. Ich hatte damit meine Trainingspartner verloren. Im letzten Jahr der Grundschulzeit merkte ich im Sportunterricht, wie ich beim Fußball gegenüber meinen Mitspielern zurückfiel. Dann kam das Abschlussfest der Grundschulzeit. Ein Programmpunkt war ein Fußballspiel zwischen der Klasse 6a (meiner Klasse) und der 6b. Zwischen unseren Klassen bestand eine gesunde Rivalität. Es war sehr heiß an diesem Sommertag und meine Mutter war als Zuschauerin auch dabei. Überhaupt hatten wir bestimmt über 200 Zuschauer an diesem Tag. Wir freuten wir uns, waren aber auch aufgeregt. In der ersten Halbzeit lief das Spiel überhaupt nicht für mich. Der Abstand zu den Anderen war doch sehr groß. In der Halbzeit dann die Schock. Unser Sportlehrer wechselte mich aus. Im letzten Spiel dieser Mannschaft. Nach der Pause stellte ich mich zu meiner Mutter und fühlte mich nicht wirklich gut. Das Spiel gewann übrigens die 6b mit 1:0. Eigentlich waren meine ersten 6

Schuljahre vollkommen Ok und ohne Probleme. Schade nur, dass das Ende nicht so gut war.

Ich war die ersten 6 Jahre ein durchschnittlicher Schüler. Dann musste aber die Entscheidung des weiteren Weges getroffen werden. Ich kann wirklich nicht sagen, ob es eine Empfehlung gab oder nicht. Meine Eltern hatten die Wahl zwischen der Haupt-, der Realschule oder dem Gymnasium. Sie entschieden sich für die Realschule. Also wechselte ich in die 7.Klasse der Schule am Holstenhofweg in Wandsbek.

Nun ja, ein durchschnittlicher Schüler bleib ich auch in der 7.Klasse. Ein paar meiner Mitschülerinnen und Mitschüler kannte ich aus der Grundschulzeit, viele waren aber auch neue Gesichter für mich. Dummerweise hatte ich mit 13 Jahren überhaupt kein Ehrgeiz auf Schule und ließ es langsam angehen. Großer Fehler! Ich hatte zu dieser Zeit zwei Leidenschaften. Einmal war da das Strategiespiel Stratego. Ein Brettspiel, das mich in seinen Bann zog. Damit war ich nicht alleine. Fast alle Jungen der Klasse konnten nicht davonlassen. Warum auch immer, war ich einer der besten Spieler und jeder wollte gegen mich spielen. Gegen Ende der 7.Klasse ging es auf Klassenfahrt. In jeder freien Sekunde spielten wir Stratego. Auf den Wanderungen am Tage wurde schon festgelegt, wer und wann am Abend gegeneinander spielen würde.

Die zweite Leidenschaft bezieht sich auf meine kleinen Soldatenfiguren und die Fahrzeuge, Flugzeuge etc. die ich zusammengebaut hatte. Auch eine typische Jungensache. Mit zwei Schulfreunden aus meiner Klasse,

Frank und Norbert, traf ich mich jeden Mittwochnachmittag zum „Schlachtenspielen" Frank wohnte in Marienthal in einem großen Haus mit riesiger Garage. Dort in der Garage hatten wir eine große Sperrholzplatte aufgebaut. Auf dieser Platte hatten wir Hügel, Schützengräben und so weiter gebaut und spielten dort mit großer Freude. Jeder steuerte Soldaten und Fahrzeuge bei.

Jetzt mal ganz ehrlich, Stratego und die Feldherrenschlachten auf der Sperrholzplatte. Wann sollte man da noch etwas für die Schule machen können? Nun, anderen gelang dies. Natürlich kündigte sich die Katastrophe schon vorher an, in Form von schlechten Noten. Mein Vater hielt sich aus der Schule heraus. Meine Mutter hatte nicht die Möglichkeit der Hilfe. So trudelte ich auf den Abgrund zu. Hinein fiel ich dann am Ende des 7.Schuljahres. Mit mehreren Fünfen im Zeugnis war die Versetzung nicht angesagt. Oh je, was nun?

Also ich hätte die 7.Klasse wiederholen müssen oder ein Wechsel in die 8.Klasse der Hauptschule. Zu dieser Zeit ging es darum keine Zeit zu verlieren. Die Schule empfahl die 8.Klasse, um dann nach der 9.Klasse wieder auf die Realschule zu wechseln. Das klang ganz gut. Nach der 7.Klasse kamen die Sommerferien, die ich überwiegend wieder in der Roonstraße verbrachte. Hier war alles irgendwie in Ordnung. Heute würde ich die Roonstraße als mein persönliches Bullerbü bezeichnen. Für Euch Bücherwürme zur Info. Dies ist eine Bücherreihe, die das Leben von Kindern auf einen schwedischen Bauernhof beschreibt. Absolute Leseempfehlung. Erinnere ich mich richtig, handelt es sich um 3 Jungen und 3 Mädchen, die auf nebeneinanderliegenden Bauernhöfen aufwachsen. Weitere Buchempfehlungen gefällig?

Nach den Ferien ging es also weiter. Ich freute mich auf den Mittwoch, um mit Frank und Norbert die nächsten Schlachten zu schlagen. Es gab zu dieser Zeit keine sozialen Medien. Ich hatte somit auch keinen Kontakt zu den beiden Jungs in den Ferien gehabt. Auch an den ersten Schultagen sah ich sie nicht, weil unsere Schule wirklich groß war und wir uns nicht trafen.

Warum auch, wir hatten ja unseren Termin. So bin ich dann am Mittwochnachmittag auf das Fahrrad gestiegen und zu Frank gefahren. Die beiden Jungs waren schon in der offenen Garage zugange. Allerdings stand an der Tür eine Kiste mit meinen „Truppen" und Fahrzeugen. Die Beiden entgegneten, dass es von den Schulzeiten und so nicht mehr passen würde, etc. blabla. Damit hatte ich nicht gerechnet. Es geht doch nichts über gute Freunde. Ich weiß noch, dass ich meine Kiste auf den Gepäckträger setzte und dann das Rad schieben musste, weil ich die Kiste nicht befestigen konnte. Auf dem Weg nach Hause fing es stark an zu regnen und ich war echt bedient als ich Zuhause ankam. Später bekam ich heraus, dass ein anderer Schüler aus ihrer Klasse in die Garagenspieltruppe eingestiegen war. Von der Erinnerung her, merkte ich an diesem Ereignis zum ersten Mal bewusst, wie nah doch Freud (hier Bullerbü) und Leid (hier die Garage in Marienthal) zusammenlagen. Außerdem war es nie ein Thema gewesen, dass wir aus sehr unterschiedlichen Lebensmodellen kamen. Norbert und Frank gehörten von ihrer Herkunft aus Marienthal her und ihren Lebensstandards schon zur Oberklasse. Ich hingegen sicherlich nicht. Wie gesagt, dies war nie ein Thema oder fühlte sich irgendwie schlecht an. Nach dieser Erfahrung fing ich zum ersten Mal, mir über all diese Dinge Gedanken zu machen.

Nun ja, die 8. und 9. Klasse verlief ohne Probleme und ich wurde, wie geplant, für die Realschule angemeldet. Allerdings mussten wir in diesen 2 Jahren auch 2 Schülerpraktikum absolvieren. Als erste Station landete ich in einem kleinen Radio –und Fernsehgeschäft. Es ging um den Beruf des Radio- und Fernsehmechanikers. Ja, damals konnte diese Geräte noch repariert werden. Schnell stellte ich fest, dass dies nicht meine Berufung war. Das zweite Praktikum machte ich im Rathaus Wandsbek bzw. dem Bezirksamt Wandsbek. Dies ist das große weiße Gebäude, direkt am Wandsbeker Markt. Der Job dort machte mir Spaß und ich bekam den Tipp, mich doch für eine Ausbildung bei der Stadt zu bewerben. Gesagt getan! Nein, so einfach war es nicht. Ich hatte irgendwie keine Meinung dazu. Also trat meine Mutter mir in den Allerwertesten und ich schrieb eine Bewerbung. Es gab einen Eignungstest, ein Gespräch vor einer Kommission und eine ärztliche Untersuchung, bei der festgestellt wurde, dass ich stark kurzsichtig war bzw. bin. So hatte ich 1978 plötzlich einen Ausbildungsplatz und eine dicke, hässliche Brille. Aber der Realschulabschluss? Ich würde die ersten beiden Jahre jeweils 3 Tage zur Schule gehen und nur 2 Tage ins Büro. Dann hätte ich den Realschulabschluss und würde noch eine reguläre Ausbildung von 2 Jahre anschließen. Geht doch!

Soviel zu meiner Schulkarriere. Eigentlich käme jetzt der Abschnitt Beruf und Co. Doch stopp, vorher möchte ich Euch noch kurz etwas zum Thema Kirche erzählen.

Kapitel 9 Der Geruch von frischgemähten Rasen oder warum ich 5 Jahre zum Konfirmanden Unterricht ging

Ja die Konfirmation. Also ich wurde als Kind nicht getauft. Meine Mutter meinte, ich sollte dies selber entscheiden, wenn ich dazu in der Lage wäre. Natürlich war die Entscheidung zur Konfirmation mit 14 oder 15 Jahren nicht vom Glauben geprägt. Sondern es ging um den „Gruppenzwang" und die Geldgeschenke. Also wurde ich im Herbst 1976 zum Konfirmandenunterricht angemeldet, mit dem Ziel der Konfirmation im April 1978. Der Unterricht fand im Gemeindezentrum der Kreuzkirche in der Kedenburgstraße statt. Die Kreuzkirche und das Gemeindezentrum liegen direkt am Eingang zum Eichtalpark. Ihr seid dort schon häufig vorbeigegangen. Geleitet wurde der einmal in der Woche stattfindende Unterricht von Pastor Esch. Er war ein Pastor mittleren Alters, der selber 2 Kinder in unserem Alter hatte. Er war ziemlich weltlich unterwegs und konnte sich auch in die Probleme von uns hineinversetzen. Ich ging gerne zum Unterricht. Aber halt, da war ja noch etwas. Wie sollte ich konfirmiert werden, ohne getauft zu sein? Also wurde ich ca. 6 Monate nach Beginn des Unterrichtes, im April 1977, in der Kreuzkirche getauft. Das Ganze fand nach einem Sonntagsgottesdienst statt. Ich fand es doch ziemlich peinlich als 14Jähriger. Dies war auch ein Grund, warum wir Euch noch im Babyalter haben taufen lassen. Ihr wusstet gar nicht, was mit Euch geschieht. Doch zurück zu mir. Nachdem ich diese Hürde überwunden hatte, konnte es losgehen. Im April 1978 war es soweit. Natürlich war ich im Vorwege noch mit meiner Mutter los, um das passende Outfit zu finden. Es wurde dann schließlich eine Stoffhose und ein blaues Samtjackett. Voll angesagt im Jahre 1978. Während der Konfirmation habe ich dann Verse aus dem Matthäus Evangelium vor der Gemeinde vorgelesen. Danach gab es den Fototermin vor der Kirche bzw. dem Gemeindehaus. Zur Feier war natürlich die ganze Familie eingeladen. Dies in der kleinen Wohnung in der Puvogelstraße zu veranstalten war nicht angesagt. Deshalb hatte meine Mutter das Mittagessen im Gesellschaftshaus Lackemann bestellt. Dieses Restaurant liegt am Wandsbeker Markt, direkt beim Quarree. Es gab die Vorsuppe, den obligatorischen Braten mit Beilagen und Eis. Ich weiß noch, dass es richtig laut war beim Essen, weil sich gefühlt jeder mit jedem unterhielt. Ich hatte ja meinen Freund Stefan eingeladen, der auch etwas irritiert wirkte. Nach dem Essen ging es dann doch in die Puvogelstraße. Meine Mutter, Stefan und ich legten aber noch einen Zwischenstopp ein. Bei, ja richtig, Andersen. An einem solchen Tag durfte der Kuchen von unserem Familienbäcker nicht fehlen. Meine Mutter hatte Kuchen vorbestellt und wir machten uns mit großen Kartons auf den Weg. Das Kaffeetrinken in der Puvogelstraße funktionierte dann irgendwie. Die Familie verteilte sich im Wohnzimmer, bei

mir im Zimmer und auf dem Balkon. Gegen Abend ver-
abschiedeten sich dann nach und nach die Familie. Dann
ging es an das „Auspacken" der Geschenke. Natürlich
hatte ich von allen aus der Familie Geld bekommen. Es
war aber auch üblich, dass zum Beispiel auch Nachbarn
einen „Umschlag" abgaben. So hatte ich tatsächlich viel
auszupacken. Es kamen dann fast 1000 DM zusammen.
Nach heutigen Stand wären dies ca. 500,-€. Für meine Ver-
hältnisse war dies ein Vermögen. Nun, ich hatte die Ver-
wendung schon im Vorwege festgelegt und meine Eltern
ließen mich dabei auch gewähren. Gleich in der kommenden Woche ging ich mit meinem Vater zu einem Fahrradgeschäft an der Ecke Wandsbeker Zollstraße/ Kedenburgstraße. Fahrradgeschäft?? OK, es wurde dort auch Mofas
verkauft. Ich hatte mich schon lange vorher festgelegt,
weil bereits 3 oder 4 Jungen aus meiner Klasse mit einem
eigenen Mofa zur Schule kamen. Cooler ging es nicht! Ich
war fest entschlossen zu dieser coolen Clique dazu zusto-
ßen. Das Geschäft verkaufte verschiedene Marken, auch
die teuren deutschen Marken. Doch dafür reichte das
Budget nicht. Es wurde schließlich ein französisches
Mofa, ein Motorbecane. Eine Marke, die es nur bis 1984
gab. Aber egal. Ich war einfach nur begeistert. Meine
Mutter hatte aber als Bedingung einen Integralhelm
durchgesetzt. OK, andere hatte nur offene Helme, das war
mir egal. Die Versicherung hatte ich im Vorwege geregelt
und 3 Tage später konnte ich das gute Stück abholen.
Nach einer langen Einweisung des Verkäufers, habe ich
dann die ersten Fahrversuche auf dem freien Platz gegenüber dem Sportplatz bei uns durchgeführt. Von da an

ging es dann morgens immer mit dem Mofa zur Schule am Holstenhofweg. Ganz lässig, den Helm unter dem Arm, betrat ich das Klassenzimmer. Ja, es fühlte sich gut an. Leider hielt das nur von April bis Juli an, weil dann das Schuljahr zu Ende war. Zu dieser Zeit ging ich ja davon aus, dass ich nach den Ferien weiter zur Schule gehen würde. Die Ausbildung war noch weit weg. Trotzdem habe ich den Kauf des Mofas nie bereut. Es waren schöne Monate und auch in den Ausbildungsjahren habe ich meinen französischen Flitzer in der Freizeit genutzt.

Doch jetzt zurück zur Überschrift. Ich hatte ja schon erwähnt, dass ich gerne zum Unterricht bei Pastor Esch ging. Dies galt aber nicht nur für mich. Die Ursprungsmotivation, das Geld, war einer echten Motivation gewichen. Viele von uns fühlten sich in der Konfirmandenrunde wohl. Es war vielleicht die Verbindung zwischen der Religion und den echten Leben, die Pastor Esch sehr gut rüberbrachte. Er wollte diesen Geist auch erhalten und schlug uns ein regelmäßiges Treffen bei ihm vor. So entstand das Treffen der ehemaligen Konfirmanden Zuhause bei Pastor Esch in der Eichtalstraße 35. Als Termin wurde immer ein Samstagabend festgelegt. In Zeiten ohne soziale Medien vereinbarten wir am Ende des Treffens den Termin für das nächste Mal. Der Rhythmus war so alle 4 -6 Wochen. Ich war in dieser Zeit am Samstag auch oft mit Freunden aus der Berufsschule in Hamburg unterwegs. Aber die Termine bei Pastor Esch hatten absoluten Vorrang, sehr zur Verwunderung meiner Freunde. Nachdem wir bei ihm angekommen waren, gab es Getränke und Snacks. Dann lass er uns eine Geschichte vor oder wir hörten uns ein kurzes Hörspiel mit religiösen Hintergrund an. Anschließend sprachen wir darüber und den Bezug zum Heute. Danach quatschten wir über Gott (schon wieder?) und die Welt. Im ersten Jahr wurde ich immer auf meine Arbeit angesprochen, obwohl ich ja 3 Tage die Woche auch noch zur Schule ging. Aber alle anderen in der Gruppe waren Vollzeitschüler. Ich war da schon etwas Besonderes. Die Abende in der Gruppe mit Pastor Esch waren sehr schön.

Einer dieser Termine fand zum Ende des Sommers statt. Ich meine es war September. Ich machte mich also gegen 19 Uhr auf den Weg. Es nieselte ein wenig, aber es war sehr warm an diesem Abend. Ich kam aus dem Torweg der Puvogelstraße heraus und ging die Straße hinunter. Unten angekommen, bog ich in die Wandsbeker Zollstraße ab, ging an der Apotheke und am Geschäft von Herrn Höft vorbei, bleib kurz vor meinem Mofa Geschäft stehen, überquerte die Kedenburgsrraße und erreichte die Eichtalstraße. Hier befindet sich unten ein ehemaliges Rondell, in dem früher die Straßenbahn gewendet wurde. Die Bahn kam vom Wandsbeker Markt, wurde hier gedreht und fuhr zurück. Heute war das Rondell eine kleine Grünanlage. Nur ein kleines Stück Eisenbahnschiene erinnerte noch an die ursprüngliche Bestimmung. Am Tage, bevor es zu nieseln begann, hatte jemand den Rasen im Rondell gemäht. Kennt ihr diesen unverwechselbaren Geruch, wenn frisch gemähtes Gras nass wird? Es ist für mich ein Geruch der Frische und des Aufbruches. Als ich das Haus von Pastor Esch erreichte, roch ich es auch sofort. Er hatte auch heute seinen Rasen im Garten gemäht und jetzt wurde das Gras feucht. Von diesem Tag an, denke ich immer an meine Konfirmandenzeit und die späteren Treffen, wenn ich den Geruch von frischgemähten und nassen Gras rieche.

Nach 3 Jahren ließ das Interesse dann nach und die Treffen wurde eingestellt. Deshalb die 5 Jahre. Zwei Jahre aktiv im Konfirmandenunterricht und drei weitere Jahre die Treffen in der Eichtalstraße.

Kapitel 10 Beruf

Wie beschreibt man den Beginn einer Karriere bei der Freien und Hansestadt Hamburg (FHH)?

Ok, fange ich mal ganz bescheiden an. Die Ausbildung erfolgte im dualen System. Ich hatte in der Ausbildung mehrere Ausbildungsstellen. Wie zum Beispiel das Bauamt, das Fundbüro etc. Ich möchte nur auf zwei näher eingehen. Die erste Ausbildungsstelle und somit meinen ersten Arbeitstag im Berufserlaben hatte ich im Wirtschafts- und Ordnungsamt des Bezirksamtes Hamburg - Mitte. Dieses Amt war untergebracht im den City Hochhäusern am Klosterwall, konkret im 8 OG des Blocks A. Heute gibt es die 4 Türme nicht mehr. Sie wurden als baufällig abgerissen und zurzeit erfolgt an dieser Stelle gerade ein Neubau. Ich wurde der Abteilung für Gaststättengenehmigungen zugewiesen. Der Fachausdruck für eine Genehmigung lautet Konzession. Unsere Aufgabe war es somit die Anträge zu prüfen und wenn alles OK war, die Konzession zu erteilen. Zu unserem Zuständigkeitsgebiet gehörten St. Georg und St. Pauli. Die bestehenden Konzessionen wurden im Außendienst von uns regelmäßig überprüft, heißt, wir checkten vor Ort, ob der Konzessionsinhaber sich an alle Vorschriften hielt. Wir prüften auch das Thema des Jugendschutzes. Ich war damals 15 Jahre alt und fiel unter das Jugendschutzgesetz. Zumindest war dies auf dem Papier so. Doch am ersten Tag musste die Arbeit warten. Das Wirtschafts- und Ordnungsamt (kurz WI) zog innerhalb der Etage um. Alle mussten mit anpacken. Am Nachmittag hatten wir es geschafft. Der Leiter vom WI kam zu mir und meinte, jetzt hätte sich alle ein Bier verdient. Er gab mir einen 10 DM Schein und erklärte mir, dass zwischen dem Block A und Block B in der Passage ein Getränkemarkt wäre. Hier sollte ich einen Kiste Bier kaufen. Gutgelaunt betrat ich das Geschäft und bestellte eine Kiste Bier. Der Besitzer lachte nur und meinte, ich wäre bestimmt noch keinen 16 und er würde mir die Kiste nicht verkaufen. Verdammt, die dicke Brille ließ mich wirklich jünger aussehen und der Bart wollte auch noch nicht so richtig wachsen. Enttäuscht wandte ich mich ab und murmelte, ich würde dies meinem Chef so erklären. Jetzt fragte der Besitzer, wer denn mein Chef wäre. Ich gab ihn die Info und sofort war alles anders. Mit dem Satz, „Warum hast Du das nicht gleich gesagt" stellte er eine Kiste Bier auf den Tresen. Wie war das doch gleich mit dem Jugendschutz. Ach ja, dafür waren wir ja selber zuständig!!

So endete mein erster von vielen Tagen bei der FHH. Doch zu Ende war der Tag noch nicht. Aufgekratzt kam ich nach Hause und dass Erste was Oma Elli wahrnahm war meine kleine Bierfahne. Oh je, dann ging es rund. Ich konnte sie nur mit ganz viel Mühe davon überzeugen, dass es sich um ein „dienstliches Bier" gehandelt hatte. Nach diesem Start nach Maß, sorry für das kleine Wortspiel, ging es dann tatsächlich hinein in die Materie. Besonders spannend fand ich die Außendienstbesichtigungen auf St. Pauli. Oh je, und schon wieder grüßt der Jugendschutz. Mein Ausbilder nahm es mit Humor. Er meinte nur, für die Erfüllung der staatlichen Aufgaben muss ich halt Opfer bringen. Habe ich dann auch gemacht! Soviel zur ersten Ausbildungsstelle. Die weiteren Stellen waren, wie auch die Schulblöcke, ok.

Doch auf meinen letzten Ausbildungsblock, auch genannt die Schlussausbildung, muss ich noch näher eingehen. Ich wurde dem Sozialamt (SO) Hamburg Mitte zugewiesen. Eine Entscheidung, die meinen beruflichen Weg für 10 Jahre prägen sollte und bis heute eine besondere Stellung in meiner Vita einnimmt. Nun die Arbeit beim Sozialamt ist klar, jeder Sachbearbeiter hatte bis zu 150 „Fälle" zu betreuen. Ein Fall konnte eine Einzelperson sein, konnte aber auch eine 10köpfige Familie sein. Arbeit gab es mehr als genug. Diese Überlastung kannte ich von anderen Ausbildungsstellen nicht. Doch dieser ständige Druck führte auch zu einem einmalig guten Klima innerhalb der Teams. Hier stimmte alles und ich war mir sehr sicher, dass das SO meine berufliche Heimat werden würde. Leider musste ich auch in dieser Zeit eine persönliche Enttäuschung hinnehmen. Mein damaliger Ausbilder war ein Holländer, der immer cool blieb und sich nicht aus der Ruhe bringen ließ. Für mich war er schon eine Art Vorbild. Doch Vorsicht mit Vorbildern. Am besten geht jeder Mensch seinen eigenen Weg und findet den eigenen Stil. Keine Panik, diese gelingt nicht von heute auf morgen, sondern entwickelt sich über einen längeren Zeitraum. Warum meine Enttäuschung? Eines Morgens kam ich ins Büro und mein Ausbilder war nicht mehr da. Er wurde fristlos entlassen. Warum? Er hatte ein Verhältnis mit einer Hilfeempfängerin (so der damalige Name, heute wird von Kunden gesprochen) angefangen und ihr zusätzlichen Leistungen zugeschustert. Soviel zum Thema Vorbilder und wie man/ frau sich täuschen kann.

Ende 1982 bestand ich die Prüfungen und bekam auch sofort eine Stelle als Sachbearbeiter beim Sozialamt Hamburg – Mitte. Da war ich also wieder am Klosterwall angelangt. Ich war der Asylbewerberabteilung zugeteilt worden. Das Thema Flüchtlingskrise gibt es schon seit den achtziger Jahren. Damals waren es überwiegend Menschen aus Afrika und Afghanistan, die alle Sozialhilfe bekamen. Aufgrund der großen Anzahl wurde eine spezielle Abteilung im Sozialamt gegründet. Es war eine Arbeit mit viel Stress und auch Konflikten. Wie gesagt die wirklich harte Arbeit wurde aber mit einem tollen Klima belohnt. In dieser Zeit gab es eine Lehrerschwemme. Dies bedeutet, dass vielmehr Menschen auf Lehramt studierten, als gebraucht wurden. Einige landeten dann auch bei SO. Besonders gerne erinnere ich mich an Claus, der es dann später schaffte in seinen Lehrerberuf zu kommen. Claus wohnte in der Schützenstraße in Altona, damals noch in direkter Nachbarschaft zum Gurkenhersteller Kühne. Immer beim Morgenkaffee bei SO erzählte er uns, welche Gurken als Nächstes in die Geschäfte kommen würden. Tag und Nacht würde er mit den Gerüchen von Salz,- Senf-, und sonstigen Gurken „verwöhnt". Er hatte einen köstlichen Humor und erzählte seine Geschichten immer sehr ausufernd. Doch der Running Gag war die Nachbarschaft mit Frau Owuso. Aber, sorry, dies ist ein Insider. Nach einem halben Jahr endete meine Zeit bei Mitte SO, weil ich zum Grundwehrdienst bei der Bundeswehr eingezogen wurde. Damit die Geschichte in der richtigen Chronologie kommen jetzt erst einmal ein paar Gedanken zu meiner Bundeswehrzeit.

Kapitel 11 Bundeswehr

Ich wurde zum 1.4.1983 zum Grundwehrdienst eingezogen. Die Dauer war damals 15 Monate. Somit war ich bis zum 30.06.1984 „verplant". Warum bin ich zur Armee gegangen und habe nicht verweigert? Es war die Zeit des kalten Krieges und die Bedrohung des damaligen Warschauer Paktes war real. Ich fühlte einfach die Verpflichtung meinen Beitrag zur Sicherheit des Landes beizutragen. Unglaublich, dass wir uns heute, fast 40 Jahre später, wieder in einer vergleichbaren Situation befinden. Doch zurück in die Vergangenheit. Der Dienst war für mich eine Selbstverständlichkeit. Allerdinge war ich natürlich ein Mann des Schreitisches oder anders gesagt, meine körperliche Fitness ließ ein wenig zu wünschen übrig. Ich wollte auf keinen Fall bei der Bundeswehr den Schwächling geben. Zwischen der Musterung und der Einberu-

fung lagen 6 Monate, also es musste ein Trainingsprogramm her. Wie gut, das ich gegenüber von dem Sportplatz wohnte. Viermal die Woche legte ich einen Plan fest.
Es handelte sich um das Winterhalbjahr und deshalb war
es abends immer schon dunkel, wenn das Training begann. Der Platz wurde in dieser Zeit nur am Tage genutzt.
Ich hätte eigentlich um den ganzen Sportplatz herumlau-
fen müssen, um am Eingang über das Tor zu klettern. Das
war ja aber verboten. Also schlüpfte ich gegenüber von
unserem Haus durch ein Loch im Zaun und kämpfte
mich doch die Büsche zum Platz durch. Ich kam in der ersten Kurve der 400 Meter Laufbahn auf den Platz. Zunächst
fing ich mit ein paar Aufwärmübungen an und dann ging
es weiter mit Liegestützen. Jetzt war es an der Zeit mit
dem Lauftraining zu beginnen. Ich lief in der ersten
Kurve los und konnte auf der Straßenseite unser Wohnhaus sehen. Meine Oma saß meistens in ihrem Wohnzimmer vor dem Fernseher. Manchmal sah ich auch meine Eltern am Fenster stehen. Dann lief ich die ersten Gerade,
vorbei an den Umkleideräumen und der verwaisten Wohnung des Platzwartes. Zu Beginn der zweiten Kurve stieg
mir sofort der süße Geruch von frischer Schokolade in die
Nase. Gegenüber auf der Straßenseite steht bis heute eine
Schokoladenfabrik, die heute zu Nestle gehört. Damals
wurde dort u.a. die Macintosh Bonbons gemacht, die uns
Oma Elli immer zu Weihnachten geschenkt hat. Dann
kam die zweite Gerade, die oft in einer großen Dunkel-
heit lag. Schon war die erste Runde absolviert. Insgesamt

lief ich jeden Abend 12 Runde, knapp 5 Kilometer, ergänzt durch die Kraftübungen. Ich fühlte mich jetzt gut vorbreitet.

Am 01.04.1983 ging es dann auch los. Ich wurde eingezogen zur Fernmeldeausbildungskompanie in der Grenzlandkaserne in Flensburg. Wir waren ca. 100 Rekruten. Jetzt ein kleiner Exkurs, der bei meiner Oma Lydia und mir schon ein wenig Gänsehaut hervorrief. In dieser Kaserne hatte auch mein Opa vor über 45 Jahren seine Grundausbildung bei der Wehrmacht als Fernmelder erhalten. Doch zurück zu mir. In Flensburg angekommen konnte ich feststellen, dass es bei der Bundeswehr durchaus auch Humor gab. Wir waren zu acht auf einer Stube. Sieben von uns hießen mit Vornamen Thomas und der achte Thorsten, aber dies auch nur, weil es keinen achten Thomas in der Kompanie gab. Nun was soll ich zur 3monatigen Grundausbildung sagen? Man lernt halt den Umgang mit den Waffen, den Funkgeräten, sich im Gelände zu bewegen und zu tarnen und so weiter. Außerdem gab es viel Sport und „lustige" Geländemärsche mit viel Gepäck. Ich kann Euch sagen, mein privates Trainingsprogramm war Gold wert. Ich konnte gut mithalten und viele Kameraden mit Problemen konnte sich dem Spott der Anderen und dem Gebrüll der Ausbilder sicher sein. Versteht es nicht falsch. Dies hatte nichts mit Menschenverachtung oder so zu tun, es ging darum, dass wir als Team zusammenwuchsen. Schließlich müsste im Ernstfall sich jeder auf jeden verlassen können. Darum ging es beim Zusammenwachsen. Als Beispiel sei hier der nächste Geländemarsch genannt. Wir wussten nach ein paar Wochen, wer Schwierigkeiten bekam und diese Kameraden wurden dann unterstützt, damit wir als gesamter Zug pünktlich am Ziel ankamen. Die ersten 3 Monate in Flensburg liefen schnell.

Jetzt ging es darum, wo ich mein weiteres Jahr verbringen würde. Es gab grundsätzlich zwei Möglichkeiten. Die Hälfte von uns würde in Flensburg bleiben und in das Fernmeldebataillon 620 wechseln und die andere Hälfte würde nach Rendsburg zum Fernmeldebataillon 610 kommen. Mm, Flensburg und Rendsburg waren ok, aber nicht der große Wurf. Es gab auch noch eine dritte Alternative. Vom jedem Rekrutenlehrgang wurden 1 oder 2 Soldaten zum Fernmeldekommando 600 nach Kiel versetzt. Na, dass war es doch. Kiel als Landeshauptstadt und eine Kommandoeinheit. Genau mein Ding. Also habe ich mich dafür beworben und war natürlich ganz gespannt. Nun, ich konnte ganz gut mit den Waffen und Funkgeräten umgehen. Das konnten aber andere auch. Zwei Tage vor Ende der Grundausbildung wurden die Listen am schwarzen Brett ausgehängt. Jetzt konnte jeder sehen, wohin es ging. Hurra! Dirk aus Dortmund und ich standen auf der Liste für Kiel. Dann kam der Tag des Umzuges. Die Kameraden für Flensburg zogen einfach in der Kaserne mit ihrer Ausrüstung ein Haus weiter. Die zukünftigen Rendsburger wurden mit LKW Transporter abgeholt. Dirk und ich bekamen vom Spieß (der wichtiges Mann / Frau in der Truppe, so zusagen die Mutter der Kompanie/ war immer ein sehr erfahrener Soldat im Rang eines Hauptfeldwebels oder höher, aber nie ein Offizier) händigte uns 2 Fahrkarten für Kiel aus und vergatterte uns, der Ausbildungskompanie im Kommando keine Schande zu machen. Dies verstand sich natürlich von selbst. Ich mochte unseren Spieß wirklich. Er hatte in den ersten 3 Monaten so manchen Problemfall (Verspätet in der Kaserne erschien, Geldschwierigkeiten, Heimweh etc.) zu lösen und machte es gut. Gegen Mittag kamen wir mit der Bahn in Kiel an. Es handelt sich dort um einen Sack- oder Kopfbahnhof. Die Züge fahren hinein um dann rückwärts wieder herausfahren. Wir stiegen aus und gingen den Bahnstieg entlang. Am Ende, am einem Prellbock gelehnt, stand ein Unteroffizier. Wie wir es gelernt hatten, schlugen wir die Hacken zusammen und machten unsere militärische Meldung. Natürlich erwarteten wir dies auch von dem Unteroffizier. Doch der lächelte nur, stieß sich vom Prellbock ab und meinte in einem freundlichen Ton, wir sollten uns beeilen, damit wir in der Kaserne noch das Mittagessen bekommen würden. Ok..., es gab bei der Bundeswehr offensichtlich verschiedene Kommunikationsebenen. Also taten wir, wie uns befohlen wurde und beeilten uns. Vor dem Bahnhofsgebäude stand ein Jeep, natürlich im Halteverbot, mit einem Soldaten am Steuer. Wir verstauten unser Gepäck und kletterten nach hinten. Der Unteroffizier schwang sich auf den Beifahrersitz und sofort begann die wilde Fahrt durch Kiel. Schnell ließen wir das Bahnhofsviertel hinter uns und fuhren an der Ostsee entlang nach Norden. Ein paar Hacken links und rechts und wir errichten die Kaserne in der Feldstraße. Unser neues Zuhause für das nächste Jahr. Das 8ter Zimmer aus der Ausbildung war Vergangenheit.

Uns wurde ein 2er Zimmer zugewiesen. Geht doch! Hier wusste man, wie mit zukünftigen Elitesoldaten umzugehen ist. Die nächsten Tage ging es darum, alles und alle kennenzulernen. Das Kommando bestand aus ca. 80 Soldaten, die aus allen 3 Waffengattungen (Heer, Luftwaffe und Marie) kamen und einer Frau. Dies war Dagmar. Sie war Anfang 20 und besetzte unser Geschäftszimmer, außerdem war sie die Assistentin unseres Kommandeurs. Der Umgang hier war lässig. Alle sprachen sich mit Namen und Dienstgrad an, aber ohne den dem militärischen Gruß, Meldung, Gruß. Mit einer Ausnahme! Für den Kommandeur galt das volle Programm. Er hatte den Rang eines Obersten. Danach kommen nur noch die Generalsränge. Er war ein Dickkopf und eckte wohl ein paar Mal an. Deshalb wurde er auch kein General. Er ließ sich aber nicht kleinkriegen. Seine Familie lebte in Heidelberg. Deshalb übertrug er Freitagsmittag die Kommandogewalt an seinen Vertreter und stieg in einen großen BMW, um nach Hause zu brausen. Am Montagmorgen rollte er dann gegen 8 Uhr wieder auf das Kasernengelände. Wir mochten ihn und das militärische Grüßen etc. war OK. Wie lief das Jahr? Nun die immer bei der Bundeswehr beschriebene Langeweile kam nicht auf. Wir verbrachten viele Stunden mit dem „Funk", auf dem Schießplatz, im Gelände und beim Sport. Meine Lieblingslaufstrecke war ca. 5 Kilometer lang und verlief durch ein Waldstück, direkt am Nord-Ostsee-Kanal. Es gab eine Laufgruppe. Man trug sich am Abend vorher in eine Liste ein und dann ging es am Morgen vor dem Frühstück mit einen oder zwei Jeeps ca. 2 Kilometer zum Wasser und unserer Laufstrecke. Die

Vorgesetzten achten nur darauf, dass jeder von uns zweimal in der Woche die Strecke absolvierte.

In Kiel stellte ich auch zum ersten Mal fest, dass es zwischen den verschiedenen Waffengattungen (Heer, Luftwaffe und Marine) gewisse Abneigungen gab. Trafen wir z.B. auf Marinesoldaten, von denen gab es in Kiel ziemlich viele, konnte es schnell etwas rumplig werden. Umso mehr fand ich es toll, wie wir uns alle innerhalb des Kommandos verstanden.

Was war eigentlich unsere konkrete Aufgabe? Wir waren so etwas wie eine Feuerwehrtruppe. Ein Beispiel: Wir wurden nachts geweckt und mussten uns schnell fertigmachen. Voll aufgerüstet ging es dann zu den Fahrzeugen. In dieser Nacht ging es zum nächsten Militärflughafen. Auf der Fahrt wurden wir in die „Lage" eingewiesen. Der böse Feind war in der Nähe von Hildesheim (bei Hannover) durchgebrochen und nun musste die Frontlücke geschlossen werden und der Funkkontakt zwischen den getrennten Einheiten wiederhergestellt werden. OK, die Aufgabe war klar. Am Flughafen angekommen, fuhren wir mit unseren Fahrzeugen in große Transpostmaschinen, die uns nach Hildesheim flogen. Hier stiegen wir um in Hubschrauber, die uns in einer ersten Welle zur „Frontlücke" brachten. Mit einer zweiten Welle wurde dann unsere schwere Ausrüstung und Waffen „geliefert". Dies alles war ein tolles Abenteuerspiel. Anders wäre es bestimmt gewesen, wenn es einen echten Feind gegeben hätte, der womöglich auch noch auf uns geschossen hätte. Aber so! Bei einer anderen Übung haben wir die Erstürmung eines Strandes mit einem Landungsboot geübt. Tatsächlich fand meine ganze Bundeswehrzeit zur Zeit des kalten Krieges statt, war aber zum Glück nur ein großes Abendteuer.

Gerade zwischen uns Soldaten, einigen Unteroffizieren und Dagmar entstand ein tolles Team. Am Wochenende ging es natürlich immer nach Hause. Für den anschließenden Montag führten wir schnell das Ritual „die Woche antrinken" ein. Heißt, wer Lust, Laune und Zeit hatte traf sich jeden Montagabend in einer Kneipe in der Holtenklinkerstraße. Wir erzählten uns vom Wochenende und was die Woche so bringen würde. So kamen jeden Montag 6-7 Männer und 1 Frau zusammen und hatten einen netten Abend.

Das Jahr ging wirklich schnell vorbei. Ich freute mich auf meine Arbeit im Sozialamt, war aber auch traurig diese tolle Truppe zu verlassen. Da entstand eine klasse Idee. Wir versprachen uns regelmäßig zu schreiben. Ich meine so richtige Briefe. Ging auch gut los. Außerdem sollte es „Reserveübungen" geben. Hierfür wurde die Kieler Woche ausgesucht, die jedes Jahr im Juni stattfindet. Natürlich brauchten wir den Spieß, der die Übungen bestätigen musste. Ihn zu überzeugen übernahmen Dagmar und Ralph, ein Berufssoldat beim Kommando. So konnten wir tatsächlich in den Jahren 1985, 1986 und 1987 „Reserveübungen" in Kiel durchführen. Wir reisten am Freitag an und konnten die freien Zimmer in der Kaserne beziehen von den Soldaten, die auf Wochenendurlaub Zuhause waren. Von Freitagnachmittag bis Sonntagnachmittag, erzählten, lachten, und tranken wir zusammen und hatten auf der Kieler Woche und in der Kaserne eine tolle Zeit. Dies endete dann, weil der Spieß in den Ruhestand ging. Die Briefe schliefen mit der Zeit auch ein.

Oft erzählen „Ehemalige" von der Bundeswehrzeit als langweilig oder sinnlos. Dies kann ich überhaupt nicht teilen.

Höre oder sehe ich heute etwas von der Kieler Woche, denke ich an Dagmar, Ralph, Dirk, Paule, Helmut, Edgar und die Anderen. Es war eine tolle Zeit, die mir immer wieder ein Lächeln auf mein Gesicht zaubert.

Fortsetzung Kapitel 10 Beruf

Ich hatte natürlich schon während der Bundeswehrzeit Kontakt zur Verwaltung in Hamburg aufgenommen. So wusste ich, dass zu meinem Beginn, am 1.7.1984, im Sozialamt Mitte gerade kein Arbeitsplatz frei war. Deshalb bekam ich das Angebot für eine Sachbearbeiter Stelle im Sozialamt Billstedt. OK, dachte ich SO ist SO. Also fuhr ich am 1.7.1984 zum Öjendorfer Weg und der Spaß fing an. Das Klima war wie in Mitte, extrem gut und locker. Das Team war sehr jung. Hier begann für mich eine der besten Perioden in meinem Berufsleben. Gleich vorweg, ich lernte hier Menschen kennen, die bis heute meine besten Freunde sind. Natürlich Susi Schmusi, Inge und über sie Jörg. Außerdem lernte ich Menschen kennen, zu denen der Kontakt leider abriss. Ich denke hier an Astrid, Carmen und Harald. Uns zeichnete im Team ein großes Vertrauen aus. Als Beispiel nenne ich hier das Vier Augen

Prinzip. Dies ging so, wenn wir am Schreibtisch eine Zahlung bewilligten, unterschrieben wir eine Auszahlungsanordnung für die Kasse. Jetzt müsste eigentlich der Kunde dem Raum verlassen und wir hätten uns eine zweite Unterschrift, natürlich nach Prüfung des Vorganges, bei einem Kollegen/in geholt. Dieses Verfahren hätte nie funktioniert, weil wir viel zu viele Kunden hatten. Also unterschrieb ich z.B. 30 Auszahlungsanordnungen am Morgen blanko und gab Diese an Susi weiter. Im Gegenzug bekam ich 30 blanko unterschriebene Anweisungen von Susi. So konnten wir beide den ganzen Tag arbeiten und Auszahlungen auf den Weg bringen, ohne den Raum zu verlassen. Diese Praxis wurde überall angewendet und von den Vorgesetzten stillschweigend geduldet. Wo sehr viel gearbeitet wird, da wird auch viel gefeiert. Wir trafen uns im Team regelmäßig zum Bowlen und anschließend ging es zum Griechen, die abgespielten Kalorien schnell wieder ersetzen. Außerdem wurden die Geburtstage immer nett gefeiert, von den Betriebsausflügen und Weihnachtsfeiern ganz zu schweigen. Ein weiteres Ritual habe ich bis heute in guter Erinnerung. Freitags hatten wir für Kunden geschlossen. Die „Notfälle" waren immer gegen 11 Uhr abgearbeitet. Jetzt gingen 1 oder 2 von uns in das nahe Einkaufszentrum und kauften 1 oder 2 Flaschen Sekt oder Wein. Ab 12 Uhr kam dann die ganze Abteilung zusammen und jeder trank in der Gemeinschaft 1 Gläschen als Einstimmung auf das Wochenende. Wir ließen noch einmal die Woche Revue passieren und sprachen über die anstehenden Events des Wochenendes. Um Punkt 13 Uhr war dann Dienstschluss und es spielte sich jeden Freitag ein Krimi auf dem Parkplatz ab. Wir parken alle im Innenhof des Gebäudes. Ein kleiner und enger Parkplatz mit nur einer Ausfahrt, bei der man natürlich. auch warten musst, bis die Straße frei war. Obwohl dies allen bewusst war, stürmte jeder und jede um Punkt 13 Uhr zum Auto und wollte das Gelänge verlassen. Natürlich staute sich alles und das Chaos war jeden Freitag perfekt. Dies hat sich all die Jahre nie verändert.

Aber Veränderung ist ein schönes Stichwort, dass uns ja schon ein paar Mal in diesem Buch begegnet ist. Es gibt ein schönes Zitat von einem „alten Griechen": „Nur der Wandel hat Bestand" Damit ist eigentlich das Leben zu 90% erklärt!

Dies spürten wir oder ich auch in unserem Dream Team SO Billstedt. Ende der achtziger und Anfang der neunziger Jahre verließen die Ersten das Team, weil sie sich woanders weiterentwickeln konnten oder in Elternzeit gingen etc. So ging unter anderen auch Susi, die in die Verwaltung der Polizei wechselte. Natürlich wurden die Abgänge durch neue Leute ersetzt. Diese versuchten sich auch in das Team zu integrieren. Aber es war nicht mehr so, wie es einmal war. Ich weiß auch nicht warum dies so war. Im Jahre 1991 beschloss auch ich mich beruflich weiterzuentwickeln. Dafür musste ich ein Studium machen. Heute wäre dies der Bachelor. Zu meiner Zeit war es noch das Diplomstudium. Ich bewarb mich um einen Platz und bekam die Zusage. Das Studium würde am 1.1.1992 beginnen.

Also wurde der Dezember 1991 der letzte Monat für mich im Sozialamt Billstedt. Manchmal gab es auch traurige Momente, wenn wir über den bevorstehenden Abschied sprachen. Es gab dann Sprüche wie: „Nach dem Studium kommst du wieder und übernimmst hier die Abteilung als Führungskraft" Dies sagte z.B. Harry. Ein sehr netter Kollege, der bis heute im Sozialamt ist und dort sicherlich auch bald in Rente gehen wird. Wir beendeten jeden Arbeitstag mit einem gemeinsamen Kaffee bei ihm im Büro.

Nun alle diese Aussagen sollten sich nicht bewahrheiten. Mein weiterer beruflicher Weg würde mich nicht mehr in das Sozialamt Billstedt führen.

Trotzdem werden diese insgesamt 10 Jahre in Hamburg- Mitte und Billstedt immer als eine sehr prägende Zeit in meiner Erinnerung bleiben.

Das Studium lief von 1992 bis 1994 über 5 ½ Semester und endete mit der bestandenen Diplomprüfung. Was gibt es noch zu sagen darüber? Ok bleibt ruhig. Ich bin 1993 mit Mama zusammengekommen und es hält bis heute. Doch mehr dazu hier nicht. Dies wäre doch genug Stoff für ein Anschlussbuch.

Nur so viel, dass sich Niederlagen mach mal auch als gute Fügung herausstellen. Was meine ich damit. Ich war bis Mitte 1993 mit Susi zusammen und für mich lief zu diesem Zeitpunkt alles perfekt. Bis Susi mir offenbarte, dass sie keine gemeinsame Zukunft mehr sah und wir uns dann trennten. Wäre dies nicht passiert, hätte es wahrscheinlich für Mama und mich keine Zukunft gegeben.

Im Nachherein stellt sich die Niederlage als das Beste heraus, was mir passieren konnte. Außerdem ist Susi heute meine beste Freundin. Mehr geht nicht, oder?

Nach dem Studium wechselte ich kurz in die Verwaltung der Polizei und über eine Arbeitsgruppe kam ich zum LBV. Bei der Polizei lernte ich übrigens Manni kennen. Also ich meine natürlich den Baron zu Ellerau. Seit dieser Zeit sind unsere Häuser in tiefer Freundschaft und einer Waffenbrüderschaft verbunden. Ich war eines der LBV „Gründungsmitglieder" im Jahre 1997. Die 25.Jahr Feier 2022 habe ich dann verpasst, weil ich im Urlaub war. Komischer Weise tat es mir nicht einmal leid. Dies lag aber daran, dass die aktuelle Stimmung beim LBV nicht besonders gut ist.

Dann schrieb ich drei Jahre später Geschichte im Beruf. Rini wurde im November 2000 ein Jahr alt und Britta wollte wieder arbeiten. Also beschlossen wir, dass ich meine Arbeitszeit um einen Tag in der Woche verkürzen würde, damit ich mich um Rini kümmern konnte. Der zweite Arbeitstag von Britta sollte von Omas und Opas bestritten werden. Als legte ich gutgelaunt einen Antrag bei der Geschäftsführung des LBV vor. Es handelte sich um 2 ältere Herren in den sechziger Lebensjahren und wir schrieben das Jahr 2000. Anstatt den Antrag zu genehmigen schlugen die beiden Bosse vor, dass ich doch zukünftig einen Tag von Zuhause arbeiten könnte und so nicht die Arbeitszeit reduzieren müsste. Ein Gewinn für beide Seiten. Die Geburtsstunde des Homeoffice erfolgte somit im Jahre 2000 in einem unscheinbaren Büro des LBV am

Ausschläger Weg in Hamburg und nicht mit Beginn des Corona Desasters. Dies nur für die Geschichtsbücher! Ich nahm an und arbeitete an einem Tag der Woche von Zuhause, ohne Laptop oder andere technische Verbindungen. Gut, es gab das Telefon, mit dem ich Gespräche führen konnte. Ansonsten checkte und bewertete ich zum Beispiel an diesem Tag Bewerbungen für den LBV, erstellte Interviewleitfäden für Bewerbungsgespräche oder studierte Gesetzesänderungen. Was für herrliche Zeiten, wenn ich an die ständige Erreichbarkeit heute denke. Tatsächlich war dies aber eine der besten Entscheidungen für mich. Ich genoss es sehr, einen Tag lang für alles zuständig zu sein. Morgens wecken, anziehen, frühstücken und zur Kita fahren, in der Kita dann mittags die Schuhe auf allen Vieren zu suchen, am Nachmittag zusammen raus zum Spielen, trösten bei Enttäuschungen und dann langsam das Tagesende einläuten mit Abendbrot machen und vorlesen vor dem zu Bett bringen. Lustig waren auch die Termine in der Kita oder später in der Grundschule, die mit „Elternbeteiligung" stattfanden. Nehmen wir das gemeinsame Weihnachtsbacken in der Kita. An diesem Vormittag kamen also 3 Erzieherinnen, 10 Mütter und …. ich zum Backevent zusammen. Gut ich war vorbereitet, weil Mama mir vorher einen Grundteig erstellt hatte. So war es im Jahre 2000 und folgende immer der Fall. Störte mich überhaupt nicht, im Gegenteil. Eine Situation, die sich in den letzten Jahren sehr verändert hat. Diese tollen Erlebnisse durfte ich dann ab 2003 noch einmal mit Töni erleben. Hier erinnere ich mich besonders gerne an die Entwicklungsgespräche mit Herrn Malias in der

Grundschulzeit. Natürlich gab es auch mal Knatsch zwischen uns, aber der war meistens schnell wieder vergessen. Ich habe mein Homeoffice Model bis heute aufrechterhalten und werde, bedingt durch die jetzigen Umstände, dies auch bis zum Ende meiner beruflichen Laufbahn so beibehalten. Was soll ich sagen, ich bin bis heute im LBV und habe seitdem eine nette Karriere gemacht. Werde ich meine berufliche Laufbahn auch dort beenden? Dies wird die Zeit zeigen.

Kapitel 12 Hansa Taxi lässt grüßen

Ein kleiner Exkurs oder ein doch etwas ausführlicher Exkurs. Neben meiner Bilderbuchkarriere bei der Freien und Hansestadt Hamburg war ich auch noch als Taxi Fahrer in der Boom Town City Hamburg unterwegs. Wie kam es dazu? Wie gesagt hatte ich 1992 mit dem Studium begonnen und hatte vorher knapp 10 Jahre richtig im Sozialamt geackert. Dies führte dann tatsächlich dazu, dass ich mich im Studium, nun ja, ein wenig gelangweilt habe. Außerdem erfolgte gerade die Trennung von Susi Schmusi. Also genau der richtige Zeitpunkt für etwas Neues. Ein Kommilitone fuhr bereits nebenbei Taxi und erzählte von netten Erlebnissen, guten Verdienst etc. Taxifahrer wurden zu dieser Zeit gesucht. Also fing ich mit dem Büffeln an. Ich musste gefühlt alle größeren Straßen von Hamburg auswendig lernen und natürlich eine Vielzahl von Strecken. Zum Beispiel vom Hauptbahnhof zum

Flughafen, vom der Oper nach Blankenese usw. Die Prüfung war nur theoretisch und klappte gut. Nun hatte ich meinen Taxischein. Der Kommilitone vermittelte mich an einen Taxiunternehmer, die im Hamburg 6 Taxis laufen hatte und ständig zuverlässige Fahrer suchte. Wenn du mehrere Taxis laufen hast, bist du auch immer bei einem „Funk" angeschlossen, der dir Touren vermittelt. Einzelfahrer mit nur einem Auto hatten dies oft nicht. Sie standen halt an den großen Haltpunkten, wie Flughafen, Bahnhöfe oder so und warteten auf Kunden. Mein neuer „Chef" war aber beim Hansa Funk (Tel. 211 211) angeschlossen. Dies war super, weil es über Funk viele Aufträge gab. Jetzt legte der Hansa Funk großen Wert auf die Qualität der Fahrer. Deshalb musste ich dort noch einmal eine Prüfung ablegen, in dem ich bestimmte Verbindungen mündlich erklären und die befahren Straßen aufzählen musste. Außerdem fragte mich der Vorstand noch ein paar persönliche Dinge. Auch diese Hürde konnte ich nehmen. Nun war ich Fahrer beim Hansa 211 211. Ich fuhr ausschließlich Mercedes Taxen, die E-Klasse Automatik mit vielen Extras. So hatte ich ein Autotelefon mit Schnur, einen CD Wechsel für 10 CD's und eine ständige Funkverbindung zur Zentrale. Man kann ja über Mercedes geteilter Meinung sein. Aber wenn du 12 Stunden (jede Schicht ging immer von 6 Uhr bis 6 Uhr) im Auto sitzt, dann macht die E-Klasse schon den Unterschied. Außerdem fuhren sich die Autos wirklich gut. Sollte ich mir also mal einen Mercedes kaufen, dann nur, weil ich vorbelastet bin. Die Freischaltung dauerte noch ein paar Tage. Deshalb machte ich die erste Tour noch ohne Funk. Es war

Anfang 1993 und ich stand an diesem Samstagmorgen am Taxistand Goldbekufer in Winterhude. Eine ältere Frau kam mit einem Koffer auf mich zu und machte ein Zeichen, dass sie gerne mit mir fahren würde. Ich stieg aus, verstaute den Koffer und sie stieg ein. Die Tour sollte zum Hauptbahnhof gehen. Ich sage ihr, dass ich mein Beste geben würde, dies aber meine erste Tour überhaupt war. Sie lächelte und fragte vorher denn käme. Also ich ihr sagte, ich wäre aus Hamburg, meinte sie nur, dann sind wir ja schon zu zweit und werden bestimmt den Hauptbahnhof finden. Sie sollte Recht behalten. Nach der gelungenen Premiere wurde dann sehr schnell auch der Funk freigeschaltet. Auch aufgrund der Vorlesungen vereinbarte ich, dass ich nur freitags und samstags die Nachtschichten fahren würde. Unter uns gesagt waren dies auch die interessantesten und lukrativsten Touren. Es gab dazu folgende Regelung. Die Einnahmen auf dem Taximeter wurden 50/50 geteilt zwischen den Chef und mir. Das Trinkgeld bleib natürlich ganz bei mir. Die lfd. Kosten Benzin, Öl, etc. trug der Chef. Wie lief eine typische Schicht ab. Also Beginn war um 18 Uhr abends. Zu dieser Zeit gab es noch nicht die lästigen Bewohnerparkgebiete etc. Deshalb standen die Taxis verteilt in der Stadt. Ich fuhr also am Freitag mit einem Zweit- oder Drittschlüssel bewaffnet zum Standpunkt. Parkte mein Auto und ging zum Taxi. Meistens war der Tagfahrer nicht mehr da. Also schaute ich mir das Auto an, ob innen und außen alles OK war. Dann meldete ich mich bei der Zentrale als frei, damit begann dann die Schicht. Gleichzeitig schaute ich in Funk nachbekannten Fahren, die auch in der kommenden

Nacht unterwegs waren. Wir wünschten uns dann kurz per Funk „gute Beute". In der ersten Stunde konnte man mit etwas Glück noch die letzten Geschäftsleute erwischen, die zum Flughafen oder Bahnhofe mussten. Dann begann die Fahrten zu den Theatern, Musicals, Oper und Restaurants. Es war Rush Hour bis gegen 20 Uhr. Anschließend erfolgten die Fahrten zu den privaten Feiern. Gegen 22 Uhr setzte dann die Rückfahrten der Theaterbesucher etc. ein. Jetzt näherten wir uns bereits Mittagnacht und die Feiertruppen machten sich auf den Weg. In der zweiten Nachthälfte gingen viele Fahrten nach St. Pauli, St. Georg oder auch schon vereinzelt auf die Schanze. Die Nachtschwärmer hatten immer auch konkrete Musikwünsche. Der Kunde ist ja bekanntlich König. Es gab gerade Anfang bis Mitte der 90ziger Jahre Klassiker, die immer gewünscht wurden. Dies waren: Heatherway mit „What is love", Ace of Base mit „All that she wants", 4Non Blondes mit „Whats up" und natürlich Bon Jovi mit „Bed of Roses" Ihr könnt es Euch denken was passiert, wenn ich heute einen dieser Songs höre. Gegen 5:30 Uhr morgens musste ich dann schon aufpassen, welche Touren ich noch annahm. Denn um 6 Uhr war Fahrerwechsel auf den Tagfahrer. Jeder von uns hatte natürlich seinen Ehrgeiz. So passierte es nicht selten, dass ich mitfliegenden Fahnen um 6 Uhr zum Ablösepunkt kam. Doch es gab auch andere Schichten, die liefen so gut, dass ich mich mit einen oder zwei anderen Fahren um 5 Uhr morgens im „Gestern und Heute" in der Kaiser Wilhelm Straße verabredete. Wir parken dann mit Warnblicklicht in der 2.Reihe und genossen das beste Bauernfrühstück oder

Spiegeleier der Stadt. Zumindest fühlte sich dies nach einer 12 Stunden Schicht so an. Wir sprachen über die Nacht und freuten uns dann auf unsere Betten. Kam ich morgens nach Hause wurde ich von Danny und Etz erwartet. Ich füttere die beiden Rabauken und schlief dann ein paar Stunden tief und fest.

Die beste Schicht meiner Taxifahrerzeit hatte ich Silvester 1993/1994. Ich hatte in dieser Nacht eine Schicht ergattert. Ich bin wirklich von 18 Uhr abends bis 6 Uhr morgens durchgehend besetzt gewesen. Mit Ausnahme der Zeit von 23:45 Uhr bis ca. 0:10 Uhr. Ich verbrachte den Jahreswechsel auf der Aral Tankstelle an der Wandsbeker Allee/ Walddörferstraße und rief vom Auto kurz nach Mittagnacht meine Eltern und meine Oma an. Kurz danach winkte der erste Fahrgast von der Straße. Mit Trinkgeldern habe ich in dieser Nacht fast 800,-DM verdient. Ein kleines Vermögen.

Natürlich gab es in dieser Zeit auch negative Erfahrungen. Da waren z.B. die 3 Typen, die in Billstedt ins Taxi stiegen. Zwei setzten sich nach hinten und einer auf den Beifahrersitz. Die Tour ging morgens um 2 Uhr zum Kiez. An der Kreuzung Reeperbahn/ Davidstraße war die Ampel rot. Ich hielt an und im gleichen Moment sprangen die 3 aus dem Auto und liefen in verschiedene Richtungen davon. Ich stand da und die Ampel sprang auf grün. Ich hatte keine Chance, stieg aus, schloss die Türen und fuhr weiter. Die Einnahmen waren dahin. Passiert hat mal in unserer Welt.

Ein anderes Beispiel zeigte mir, dass nicht für alle Menschen die gleichen Regeln gelten. Ich stand nachts am

Taxiposten in der Alphonsstraße in Wandsbek-Marient-
hal, der besseren Gegend von Wandsbek. Ein Mann kam
auf mich zu und setzte sich nach hinten. Ich roch sofort
den Rotwein. Er hatte eine offene Flasche dabei. Leicht genervt erklärte ich ihm, dass er vorsichtig damit sein sollte.
An seiner Antwort merkte ich, dass er schon gut getankt
hatte. Er müsse einen Augenblick überlegen, wohin er eigentlich wolle. Die Zeit hatten wir leider nicht. Plötzlich
fiel ihm die Flasche aus der Hand. Ich sprang aus dem
Auto, öffnete schnell die Tür und holte die am Boden lie-
gende Flasche heraus. Es war schon so vielausgelaufen,
dass die gesamte Taxe nach Rotwein roch. Die Schicht war
damit beendet. Ich erklärte dem Mann, dass ich jetzt 200,-
DM vom ihn bekommen würde, als Verdienstausfall und
für die Reinigungskosten. Er meinte grinsend, dass er
kein Geld dabeihätte. Ich meinte grinsend, dass ich dann
über die Zentrale die Polizei rufen würden, damit der
Sachverhalt aufgenommen werden kann. Plötzlich zeigte
es sich einsichtig. Er bot mir einen Euroscheck über 200,-
DM an. OK, ihr kennt keine Schecks mehr, wir lebten damit. Jede Bank hatte ihre eigenen Schecks und es gab die
Eurochecks. Bei dieser Art von Scheck bestand für die
Bank eine Einlöse Verpflichtung. Prima, was sollte also
schiefgehen? Ich fuhr dann zur Tankstelle, reinigte und
lüftete die Taxe bis zum Schichtende. Dem folgenden
Sonntag verbrachte ich Zuhause. Am Montag hatte ich
erst später Vorlesungsbeginn. Der Scheck war von der
Volksbank ausgestellt. Es gab eine Finale direktgegen-
über von mir am Saseler Markt. Frohgelaut ging ich in die
Bank und legte den Scheck zur Auszahlung vor. Die

Bankmitarbeiterin prüfte etwas und erklärte mit dann süffisant grinsend, dass der Scheck von der Bank nicht eingelöst wird, weil der Aussteller eine Sperre beantragt hatte. Toll! Was war mit der Einlöse Verpflichtung? Egal, meinte die Mitarbeitern. Offensichtlich war mein „Kunde" im Taxi ein sehr guter „Kunde" bei der Volksbank. Also verließ ich wenig entspannt die Bank. Nicht mit mir. Ich ging zu meiner Bank, der Haspa, die auch am Saseler Markt war und schilderte mein Problem. Ich bekam die Empfehlung den Scheck bei der Haspa einzulösen. Ich konnte hier nur kein Bargeld bekommen, sondern musste den Scheck auf meinem Konto gutschreiben lassen. Kein Problem. Von dem „Kunden" habe ich nie wieder etwas gehört. Geht doch!

Ich hatte in meiner Taxifahrerzeit wirklich interessante Begegnungen mit Menschen aller Schichten, die ich als Beamter der FHH so nie erhalten hätte. Es war eine spannende Zeit, gerade in den ersten Jahren von 1993 bis 1995. Dann ließ aber die Spannung nach und auch der Verdienst ging zurück. Die goldenen Taxifahrerzeiten neigten sich dem Ende zu. Meine letzte Tour machte ich 1997. Fünf Jahre reichten mir und werden immer Bestandteil meiner Vita sein.

Kapitel 13 Coach und Trainer

Nun ich bin seit fast 45 Jahre Beamter für die Stadt Hamburg. Dann kommen als berufliche Zeit noch die Jahre als Taxi Driver dazu. Unterschlagen möchte ich aber nicht meine Tätigkeit als Trainer und Coach. Seit 2008, nunmehr seit 15 Jahren, bin ich auch noch freiberuflich unterwegs. Ich gebe mein Wissen an Menschen weiter, die neu bei der Stadt angefangen haben zu arbeiten und sich mit der Rechtsmaterie beschäftigen dürfen, mit der ich mich ganz gut auskenne. Am Anfang war ich wirklich sehe aufgeregt und zweifelte auch ein wenig, ob ich eine Gruppe von ca. 20 Leuten 2 oder 3 Tage „begeistern" und „fesseln" könnte. Bei den ersten „Gigs" ging ich zu Fuß vom LBV zum ZAF, dem Veranstaltungszentrum und machte mir auf dem Weg die wildesten Gedanken. Letztendlich scheinst es zu klappen, sonst würde ich diese Tätigkeit nicht schon 15 Jahre machen. Bis einschließlich 2019 fanden diese Veranstaltungen immer in Präsenz statt. Meistens waren es bis zu 20 Teilnehmer/in. Ich habe aber auch schon Vorträge im Audimax der Universität Hamburg vor ca. 100 Teilnehmer/in gehalten. Es macht mir Spaß mein Wissen weiterzugeben und der Austausch mit anderen Menschen war bzw. ist für mich etwas Schönes. Leider kam dann die Pandemie und alle Veranstaltungen wurden nur noch per Skype oder Zoom durchgeführt. Ich arbeitete mich in die Technik ein und es lief dann auch ganz gut. Ich bin aber sehr froh, dass jetzt die Kurse auch wieder in Präsenz stattfinden. Werde ich bis zur Rente als Trainer arbeiten? Keine Ahnung, ob ich dazu Lust habe bzw. ob ich weiterhin von den Auftraggebern gebucht werde. Die Zeit wird es zeigen. Hier lugt schon ein anderes Thema um die Ecke. Das liebe Geld! Mittelweile brenne ich nicht mehr für die Kurse, die ich durchführe. Ich bekomme überwiegend gute und nette Rückmeldungen der Teilnehmer/in. Sicherlich wichtig als Bestätigung, aber es ist auch das gute Honorar. Da ist er wieder, der Wunsch das Thema Geld ein bisschen mehr mit Entspannung zu betrachten. Mehr dazu in Kapitel 17.

Kapitel 14 Unser Zuhause

Beim Kapitel Beruf war ich vor dem Exkurs Taxi stehengeblieben. In die LBV Zeit ab 1997 fiel natürlich auch unser Hausbau 1999. Unser neues Zuhause, nachdem ich 1996 meine Wohnung in Sasel gekündigt hatte und dann für 3 Jahre bei Mama in Wilhelmsburg lebte. So konnten wir einfach mehr Geld für den Eigenanteil am Haus sparen. Die Bauphase war schon ein wenig stressig. Jeden Tag nach der Arbeit sind wir zur Baustelle nach Klecken gefahren. Es gab fast jeden Tag etwas zu regeln oder zu entscheiden (Fließen, Elektrik, Treppe, Boden usw.). Bei diesem Besuchen lernten wie dann auch unsere neuen Nachbarn kennen, wie Christian und die anderen der Partyzone Lerchenweg. Außerdem gab es auch Baupannen, die wir zum Glück gesehen und reklamiert haben. Wer weiß, ob dies auch der Bauträger von sich ausgetan hätte. Eines war besonders lustig. Wir kamen zur Baustelle und an diesem Tag waren auch meine Eltern dort. Es wurde das Terrassenelement eingebaut. Als wir ankamen sagte meine Mutter zu mir, ich soll mich nicht aufregen. Ich und aufregen? Das geht doch gar nicht. Nun, die Handwerker hatten das Element einbaut, es war allerdings nicht mit durchsichtigem Glas versehen, sondern mit Sanitärglas, durch das man nicht durchsehen konnte. Unglaublich!

Hier mussten wir nicht reklamieren. Der Bauträger bzw. Bauleiter hatte den „Fehler" selbst entdeckt und versprach schnelle Abhilfe. Doch dann war es schließlich fertig und Einzug war im Februar 1999.

Als Ihr dann da wart, hatten wir ein sehr schönes Zuhause. Dies gilt bis heute. Gerade sind wir ja dabei uns innen und zum Teil auch außen etwas zu verändern. Da haben wir ihn wieder. Den ständigen Wandel.

Kapitel 15 Ewiges Lächeln

Ich bin jetzt in einem Alter angekommen, wo der Weg nach vorne kürzer ist als der vor mir schon gegangene Abschnitt. Jeder Mensch baut positive Erinnerungen auf, die ihn zeigen, ich war und ich habe erlebt. Es gibt mittlerweile das Fach „Glücksforschung" an den Universitäten. Ich habe mich einmal mit den Forschungsergebnissen auseinandergesetzt und, wie sollte es anders sein, einige Bücher darüber gelesen. Ich war froh über die Erkenntnisse. Denn wie andere Menschen Briefmarken sammeln, horte und speichere ich Erinnerungen ab und mache nach Aussagen der Wissenschaftler alles richtig. Glück gehabt! Sorry für das kleine Wortspiel.

1.   Eichtalpark:
Der Park spielt seit meiner Kindheit eine große Rolle bei meiner Erinnerungssammlung. Insbesondere mit Euch sind da neue Elemente dazugekommen. Ich denke oft an unsere gemeinsamen Ausflüge mit Oma und Opa auf den Spielplatz. Am Anfang gab es dort auch noch die

Ziegen, die ihr gerne gefüttert habt. Später war dann auf dem Spielplatz die Seilbahn eure Lieblingsbeschäftigung. Der Autoreifen an einem langen Seil war etwas abseits und versteckt im Gebüsch aufgebaut. Viele Kinder wussten gar nichts davon. Deshalb musstest ihr meistens nicht warten oder die Bahn mit anderen teilen. Erwähne muss ich aber auch noch die Rutsche mit der langen Röhre. Da fehlte euch dann der Mut dort durchzurutschen, weil ihr Angst hatte festzustecken.

Natürlich hat auch das Restaurant „Zum Eichtalpark" seinen festen Platz als Familienrestaurant. Ich weiß, für Euch ist dies ein echter Rentnertreff. Aber ich werde früher oder später dort auch noch einmal essen gehen. Als du Rini klein warst, waren wir im Winter, vermutlich der Geburtstag von Oma oder mein Geburtstag, dort zum Mittagessen. Anschließend gingen wir alle noch eine Runde im Park spazieren. Ich trug dich Rini auf den Schultern, weil du nicht laufen wolltest. Außerdem war dort oben die Aussicht viele besser. Als wir wieder in der Puvogelstraße waren, stellten wir fest, dass du die Augen nicht mehr schließen konntest. Deine Augenlider waren gefroren. Du hast es aber gelassen hingenommen. Oma Elli benetzte die Augenlider mit warmen Wasser und einem Handtuch. Kurze Zeit später war alles wieder in Ordnung. Dies erfolgte zu einer Zeit, als meine Eltern noch in der Miniwohnung in der Puvogelstraße 7c wohnten.

2. Andersen

Natürlich gab es keine Familienbesuche bei Oma und Opa ohne die Konditorei Andersen. Diese Konditorei war in Wandsbek das erste Haus am Platze und hatte auch einen tollen Kundenservice. Dazu ein Beispiel. Mamas Favorit war auch der Sascha. In einem Jahr war ich in der Weihnachtszeit auf Shoppingtour in der Stadt und wollte Mama ein Sascha mitbringen. Ich ging in die Fiale am Jungfernstieg und musste feststellen, dass es dort keinen Sascha mehr gab. Damit wäre die Geschichte eigentlich beendet. Nicht so bei Andersen. Die Verkäuferin telefonierte für mich die anderen Fialen an und reservierte für mich ein Sascha in der Zweigstelle Hotel Sofi. Also habe ich dort den Kuchen abgeholt. Bis zur Insolvenz hielten wir bei den Besuchen an der Wandsbeker Zollstraße an und gingen gemeinsam in die Konditorei. Ihr wisst natürlich noch, dass eurer Favorit auch der Sascha war. Ich kann euch aber sagen, die Vanilleschnitte, das Marzipan-Nuss Stückchen und die gefüllte Sandtorte waren es auch wert hier anzuhalten. Mit einem Kuchenpaket bewaffnet ging es dann weiter zu Oma und Opa. Wir werden übrigens die Suche nach einem Konditor, der einen halbwegs vergleichbaren guten Sascha macht, niemals aufgeben.

3. Klecken im Winter

Die ersten Winter im Klecken mit euch brachten noch echt viel Schnee. Wir bauten Schneemänner, waren mit dem Schlitten unterwegs und hatten viel Spaß. Bei Schnee wolltet ihr immer auch einen Schneemann auf der Terrasse bauen, der dann durch das Fenster in unser

Wohnzimmer schauen konnte. Eine besondere Geschichte dazu an einem Silvestertag, an dem auch viel
Schnee lag. Ich hatte den Auftrag erhalten bei Danker frische Berliner einzukaufen. Töni begleitete mich auf dem
Schlitten sitzend. Du Töni, da vielleicht 2 Jahre alt, warst
mit einem Ganzkörperschneeanzug, Mütze, Handschuhe
etc. bekleidet. Auf Höhe der Thomaskirche fühlte sich der
Schlitten plötzlich ganz leicht an. Ich drehte mich um und
sah, dass du vom Schlitten gepurzelt warst. Du fandst es
lustig und hast dich überhaupt nicht beschwert. Ruck
zuck habe ich dich wieder aufgeladen und die Reise ging
weiter.

4.   Oma und Opa sind da

Oma und Opa kamen oft im Winter zu uns, Warum?
Ich sage nur alle Geburtstage waren in der Zeit von Ende
November bis Anfang Januar und es gab ja auch noch
Weihnachten in diesem Zeitfenster. Bei Beiden parkten
das Auto immer in der Straße. Die gepflanzten Bäume
und Sträucher waren noch nicht hochgewachsen und im
Winter ohnehin kahl. Deshalb habt Ihr euch, gerne einen
kleinen Plastikhocker im unserem Schlafzimmer vor das
Fenster gestellt und gemeinsam Ausschau nach Oma und
Opa gehalten. Bei einem dieser Besuche passierte es dann.
Das Auto fuhr in den Lerchenweg und parkte. Töni
meinte dann zu Rini, sie würde uns Bescheid sagen, dass
Oma und Opa da sind. Dafür klettere sie von Hocker und
macht sich auf die Treppe hinunter auf den Weg zu uns.
Rini hatte ich bessere Idee und wollte, so die Vermutung,
Töni auch ein bisschen ärgern. Sie stellt sich oben an das

Geländer und rief hinunter:" Oma und Opa sind da". Schlechte Idee. Eine Millisekunde später brach ein Inferno über uns hinein. Töni schrie laut, sie wollte doch die Nachricht überbringen und steigerte sich immer weiter in Rage. Schließlich lief sie in ihr Zimmer, schlug die Tür zu und brüllte weiter. Rini fand das ganze lustig. Gleichzeitig klingelten Oma und Opa an der Tür. Oma fragte natürlich sofort, was hat denn die Kleine. Auf meine Erklärung de r Lage meinte Oma dann, da muss sie sich doch nicht so aufregen. Ach nein, na dann könne Oma dies ja der Kleinen erklären. Auf den Vorschlag ging sie nicht ein. Ach ja, wie kamst du Töni wieder aus solchen Lagen heraus? Nun, irgendwann mischtest du dich wieder unter die Familie. Sprach man dich gleich darauf an, erntete man ein eisiges Schweigen. Nach und nach tautest du dann wieder auf und nach einer gewissen Zeit stellten sich alle die Frage, war da eigentlich etwas?

5.   Rini und die Schule

Hier fallen mir zwei Geschichten ein. Zunächst einmal die Fahrradstory. Es war in der 4.Klasse der Grundschule und du bist im Begleitung von Becky und Lara mit dem Fahrrad zur Schule gefahren. Irgendwann wolltest Du dies nicht mehr. Natürlich haben wir dich nach dem Grund gefragt. Du meintest, die beiden Mädels würde dich ärgern und dir davonfahren. Da dein Fahrrad kleiner war, konntest du nicht mithalten. Ein Tag später bis du dann doch wieder mit dem Fahrrad gefahren. Die ganze Vegetation war noch nicht soweit wie heute. Vom Velux

Fenster des Dachbodens konnte man den Hainbuchen-
weg gut einsehen. Also sah ich euch mit den Fahrrädern.
Plötzlich erhöhten die beiden anderen Mädchen ihre Ge-
schwindigkeit. Da sie schon Räder mit einer größeren
Übersetzung hatten, ging dies ganz entspannt. Du hingegen musstest richtig strampeln, um einiger Maßen dran-
zubleiben. OK, dies ging natürlich gar nicht. Somit gab es
dann ein neues Fahrrad.

Ganz anders war es dann, als ihr in der 5.Klasse mit
dem Schulbus nach Hittfeld gefahren seid. Du hast morgens dann immer Becky abgeholt. Oft war es so, dass ihr
dann mit wehenden Fahnen aus dem Haus gestürmt seid.
Wenige Sekunden später hörte man dann den Schulbus,
wie er sich den Lerchenweg heraufarbeitete zur Haltestelle. Ich war mir oft sicher, dass ihr den Bus verpassen
würdet. Aber Respekt, dies ist tatsächlich nie passiert.

6.   Töni und Schule

Bei Dir erinnere ich mich immer an die 3.Klasse der
Grundschule in Klecken. Ich hatte ja in dieser Zeit einen
Tag in der Woche Homeoffice. Dies war fast immer der
Dienstag. Nach Schulschluss kam ich in die Halle und
wartete auf Dich. Du hattest zu dieser Zeit die Schach AG
im ersten Stock. OK, die Klingel ging an und die Stunde
war vorbei. Nach ca. 2-3 Minuten stürmten die ersten Kinder aus deiner Schach AG die Treppe hinunter und ver-
schließen die Schule. Von dir keine Spur. Dann 5 weitere
Minuten später, kam dein Schach Lehrer die Treppe hinunter. Er war bereits Rentner und unterrichtete euch eh-
renamtlich. Er lächelte freundlich und verschließ die

Schule. Töni? Fehlanzeige! Dann weitere 5 Minuten später bis du ganz entspannt die Treppe runtergekommen. Auf die Frage, was du so lange da gemacht hättest, kam die relaxte Antwort, meine Sachen einpacken, mich anziehen usw. Diese Ritual wiederholte sich jeden Dienstag.

Dann gab es noch den ersten Schultag in der 5. Klasse in Nenndorf. Du warst zwar mit Janne in eine Klasse gekommen, aber alle allen Kinder aus deiner Grundschulkasse waren in die Parallelklasse gekommen. Als „besorgte Eltern" fanden wir das nicht gut und überlegten die Schule anzusprechen. Vorher fragten wir natürlich dich dazu. Du meintest ganz entspannt, es wäre alles völlig ok. Du würdest neben einen Jungen sitzen, dessen Name du noch nicht kennen würdest, aber alles wäre so gut, wie es ist. Ok, also blieb alles so.

Kapitel 16 Ewiges Lächeln als besondere Erinnerung

Bei mir ist noch eine Form zu nennen, wie ich Erinnerungen verknüpfe und sicherstelle, dass Diese nicht verloren gehen. Als bekennender You Tube Jünger, ich habe meinen Account im Jahre 2005 angemeldet, es handelt sich um ganz spezielle Musikstücke bzw. Videos. Diese sind:

Still von Jupiter Jones: Du Töni warst 8 oder 9 Jahre alt und abends haben Mama und ich dich immer zu Bett gebracht. Dann wurde auch immer eine CD für dich angestellt. Du warst z.B. Fan von dem magischen Baumhaus oder Benjamin Blümchen. Manchmal lief die CD auch schon, wenn wir in dein Zimmer kamen. An diesem

Abend war es so und ich hörte plötzlich das Lied Still und der Text nahm mich sofort in Beschlag. Ungefähr ein Jahr später war der Song ein Hit und wurde täglich im Radio gespielt. Ich weiß bis heute nicht, wie es das Lied vorher auf eine Kinder CD schaffte. Bis heute denke ich bei diesem Song an das gemeinsame zu Bett bringen.

Ich kenne nichts. von Xavier Naidoo: Ungefähr zur selben Zeit hörte ich einmal diesen schönen Song per Kopfhörer im Arbeitszimmer, als du Rini reingekommen bist und unbedingt wissen wolltest, was ich dann da hören würde. Also teilten wir den Kopfhörer und ich starte den Song erneut. Anschließend sagtest du auch, dass dies ein tolles Video wäre. Ist es bis heute, weil es mich an dieses Ereignis erinnert.

Pflaster von ich und ich: Dieses Lied wird mich immer an den legenden Auftritt der dritten oder vierten Klasse in der Grundschule Klecken erinnern. Der Klassenlehrer, Herr Malijas, hatte diese Stück, gemeinsam mit dem Schulleiter, Herrn Franzius, einstudiert. Ihr Töni habt es dann bei einem Schulfest in der Turnhalle aufgeführt. Ich finde eure Version bis heute besser als das Original.

Somewhere over the Rainbow von Israel IZ: Ein typischer Freitagabend war bei uns oft so, dass ihr abends im Wohnzimmer einen Kinderfilm mit Mama angesehen habt. Ich war auch dabei oder habe manchmal auch Videos bei You Tube angesehen. Dies war überhaupt nicht kommunikationsfeindlich. Immer wieder habe ich in einer Pause mit euch gesprochen. Gleichzeitig zeigte ihr immer wieder Interesse an bestimmten Videos. So auch an diesem Stück. In dem Video singt IZ den Song u.a. am Strand, wie ich denke, von Hawaii. OK, IZ war etwas beleibt. Leider starb er kurz nach den Aufnahmen. Die Macher des Videos haben kurzerhand seine Beerdigung mit in das Video eingebaut. Entsprechend den Gebräuchen wurde er verbrannt und die Freunde und Angehörigen fuhren mit kleinen Schiffen auf das Meer und verstreuten die Asche im Meer. Dabei sangen und lachten sie überschwänglich. Dies war für euch etwas irritierend. Tod und Beerdigung war für euch etwas Trauriges. Wir erklärten euch, dass es auf der Welt durchaus Kulturen gab, die mit diesem Thema anders umgingen. Da soll noch mal jemand sagen, You Tube tut nichts für die Bildung.

Addicted to love von Avici: Siehe die tollen Freitage mit TV und Videos
Als ihr das Video zum ersten Mal gesehen habt, gab es mehr Fragen als Antworten. Zum Beispiel, warum sich denn hier immer zwei Frauen küssen würden. OK, keine Sorge, ich stoppe hier. War aber ein lustiger Einstieg in das Thema.

The Desolation of Smaug von Ed Sheeran: Ok, ich bin ja ohnehin ein großer Herr der Ringe Fan. Somit fand ich dieses Lied sofort richtig gut. Dann kam der Winter 2013/2014 und du Rini warst einmal die Woche zum Konfirmationsunterricht im Gemeindehaus der Thomas Kirche. Der Unterricht war immer von 17 bis 18 Uhr und es war schon dunkel im Winter. An einem dieser Tage war es wirklich richtig kalt. Deshalb vereinbarten wir, dass ich dich vom Unterricht abholen würde. Offensichtlich war dir dies aber ein bisschen peinlich. Deshalb sollte ich nicht vor dem Gemeindehaus parken, sondern lieber vor dem Kindergarten. Na klar, kein Problem. Ich fuhr rechtzeitig los, weil es außerdem glatt war und schneite. Ich kam etwas vor der Zeit an und das Auto war auf der kurzen Strecke nicht warm geworden. Als war frieren angesagt. Plötzlich wurde im Radio dieser Song gespielt, der so richtig gut zur Situation (kalt, frieren und dunkel) passte. Bis heute denke ich bei diesem Lied immer an den Abend vor dem Gemeindehaus, äh nein natürlich vor der Kita. Ich sollte schließlich an diesem Tag unsichtbar bleiben.

Fünf „Urlaubssongs"
Little Talk von Of Monster and Man: Ein tolles Stück vom Text und vom Video her. Eine Band aus Island, die mit diesem Song im Jahre 2012 ein Welthit landete. Es wurde überall gespielt. In diesem Sommer machten wir unsere zweite Kreuzfahrt. Es ging nach Norwegen bis zum Nordkap und dann weiter über das Nordmeer nach Island. Der erste Stopp in Norwegen war Bergen. Es regnete fast den ganzen Tag und erkundeten die Stadt mit Regenzeug. Trotzdem war die Stimmung gut und zum Nachmittag wurden wir mit aufreißendem Himmel und Sonne belohnt. Bei der Rückfahrt wurde dann noch ein

Stopp in Schottland eingelegt. Dieses Land erfüllte an diesem Tag sein Klischee, es regnete den ganzen Tag. Auch hier verfolgte uns in den Cafe´s usw. der Song Little Talk. Das konnte doch kein Zufall sein. Denke ich heute über unsere Kreuzfahrten nach, dann waren sie alle irgendwie sehr schön und ereignisreich. Aber die Nordkapfahrt war schon etwas Besonderes mit der Aida Mara. Little Talk verknüpfe ich bis heute mit unser sehr schönen Reise.

Hero von Family oft he Year: Eine Band, die damit ihren bisher einzigen Hit hatte. Aber dafür einen mit echtem Gänsehautfeeling. Wann übrigen, ach ja 2014. Was war da noch? Ja, der Beginn der New York Geschichte im April 2014. Doch vorher war die Band tatsächlich auf Promo Tour in Deutschland. Ein Auftritt war beim NDR am Rothenbaum. Die Karten gab es nicht zukaufen, sondern wurden verlost. Ich machte mit und gewann tatsächlich zwei Karten. An diesem Tag arbeitete ich länger und Mama holte mich mit dem Auto beim LBV ab. Wir führen nach Havesterhude und gingen zum Konzept. Zu dieser Zeit hatten wir eine sehr nette Briefträgerin, mit der wir auch gerne mal ein wenig sprachen. Was soll ich sagen, sie hatte auch Karten gewonnen und wir trafen sie beim Konzert. Es war ein schönes Event und stimmte mich auf unsere erste New York Reise ein. Eine Woche später ging es noch mit Air Berlin über Düsseldorf nach New York

Another love von Tom Odell: Was soll ich sagen, New York 2014 war der Beginn von etwas Besonderen. Ein Gefühl, dass ich nicht beschrieben kann. Aber Insider wissen, was ich meine. Also waren wir 2016 wider in New York. Dieses Mal im Sommer für knapp 2 Wochen. Wir wohnten in Chelsea, nahe dem Madison Square Park. Dort gibt es nicht nur ziemlich gute Burger, kaltes Beer und ein super Feeling. Im Sommer finden dort auch kostenlose Konzerte statt. Wir hatten das Glück, Tom Odell zu sehen. Gegen Ende des Konzerts spielte er natürlich auch seinen Mega Hit „Another Love". Höre ich diesen Song heute, verschwinde ich unbemerkt sofort in den Madison Square Park an einen schönen Sommerabend. Natürlich vergesse ich dann auch nicht den Brr Burger oder das Somac. Die Konzerte mit Pick Nick im Bryant Park. Unsere kleinen Ausflüge zu dem Outlet Center. Die High Line. Chelsea Markt mit der original deutschen Currywurst, die original amerikanisch war, aber nie deutsch. Störte uns aber überhaupt nicht, weil wir im New York Flow waren. Ein Flow, der insbesondere bei Töni und mir entstand und bis heute anhält. Aufgrund dieser verdammten Pandemie konnten wir jetzt schon 4 Jahre nicht mehr über den großen Teich fliegen. Doch diese Enthaltsamkeit geht zu Ende. Sollten Töni und ich dann sofort wieder diesen Flow spüren, dann haben wir ihn gefunden... den magischen Ort. Ein Sommertag in Long Beach und natürlich Governors Island. Die Zeiten in der Subway, und und ...Mir würde noch so viel einfallen. Ein Tag in New York endete immer mit einem Blick auf das Empire State Building, direkt vom Hotelfenster raus. New York wartet auf uns und wir werden diese Stadt nicht enttäuschen!

Can't stop the Feeling von Justin Timberlake: Kurzer Rückblick auf die Entstehungsgeschichte dieses Buches. Dänemark 2016 nach der Beerdigung meiner Eltern. Oft, wenn wir in Dänemark waren, fand an in dieser Zeit auch der Eurovision Song Contest statt. So auch im Jahre 2016. Es gehörte ein bisschen zur Familientradition, dass wir uns den Contest ansahen, obwohl der letzte Platz für Deutschland ja schon immer vorher feststand. Meistens stellte auch ein Weltstar einen neuen Song vor. Im Jahre 2016 war dies Justin Timberlake mit Can't Stop the Feeling. Der Song wurde ein Welthit. Alleine bei YouTube wurde das Lied bis heute über 1,5 Milliarden Mal angesehen und wir waren bei der Premiere dabei.

Learn to fly von den Foo Fighters: Wir waren oder sind ja nicht nur auf New York fixiert. Obwohl ich dies durchaus in Erwägung ziehen könnte. Doch zurück. Ich mag die Energie dieses Songs und es gibt ein tolles Video dazu. Eine Stadt in Italien möchte gerne die Foo Fighters überzeugen, dass die Band mal wieder ein Konzert in der Stadt gibt. Also kommen wirklich mehrere Hundert Menschen zusammen und spielen mit Instrumenten und Gesang den Song und nehmen dazu das Video auf. Am Ende spricht einer der Organisatoren zu der Band und lädt sie zum Konzert ein. Ich kannte dies alles schon, als wir 2016 gemeinsam in die ewige Stadt aufbrachen. Ok die Anreise war ein wenig mühevoll, weil es die letzten 20 Minuten von der U Bahnstelle zum Hotel nur bergauf ging. Dies, wobei jeder ein Trolley hatte und die Bürgersteige in Rom nicht wirklich in einem guten Zustand waren bzw. sind. Nun gut, ihr werdet jetzt sagen, dass ich hier nicht sauber genug recherchiert hatte. Stimmt leider! Als ich 2 Jahre später noch einmal mit Mama dort war, wohnten wir wieder in dem Hotel. Vorher stellten wir allerdings fest, dass vom Flughafen eine Regionalbahn bis direkt zum Hotel fuhr. Dies hatten wir 2016 gar nicht bemerkt! Upps! Dafür waren wir aber in einem netten Viertel von Rom untergekommen. Ich sage nur das Restaurant Caseli. Wirklich lecker. Genau toll war es bei „Mama" in der Trattoria. Die „Mama" kochte in der offenen Küche und der Sohn machte den Service. Auch ohne italienische Sprachkenntnisse bei uns oder englischen bei dem Sohn, bekamen wir die Bestellung gut hin. Das Essen war wirklich total lecker und sehr original römisch. Die Woche war spitze. Denkt nur an unsere abendlichen Exkursionen in Rom (Vatikan, Engelburg, Engelsbrücke, Trevi Brunnen und die spanische Treppe) Zurück zu Learn to fly. Auf dem Weg zu unserm Hotel ging eine größere Straße hinauf oder hinab, hing davon ab von wo man kam. In dieser Straße war ein kleiner Supermarkt. Man musste von der Straße einen kleinen Weg zum Eingang gehen. Hier kauften wir mehrmals kleine Dinge für den Alltagsgebrauch. Bei einem dieser Einkäufe saß ein Kassierer an der Kasse und hörte laut Musik über einen Kopfhörer. Als ich bezahlte erkannte ich deutlich das Lied Learn to Fly. Ich lachte, meinte nur Foo Fighters und gab einen Daumen nach oben. Er lachte und gab mir den Daumen zurück. Frischke/ Rahf 2016 in Rom und die Foo Fighters. Eine Verbindung für die Ewigkeit.

Tell Laura i love her von einem unbekannten Interpreten: In diesem Liebesong ging es darum, dass ein Autorennfahrer verunglückt und offensichtlich im Sterben liegt. In diesem Moment sagt er den Menschen um sich, dass sie Laura sagen sollen:" i love her" Es war im Winter 2010, genauer gesagt im Januar 2010. Ich hatte damals einen sehr schwierigen Kündigungsfall in Bearbeitung. Eine, jetzt ehemalige Mitarbeiterin, hatte Geld veruntreut und bestritt dies. An diesem Tag war morgens ein weiterer Termin beim Arbeitsgericht. Ich war dort mit meinem damaligen Vertreter Roman. Anschließend waren wir, um die weitere Strategie zu besprechen bei unserem Anwalt. Die Kanzlei war in der Alten Rabenstraße in Rotherbaum. Mittags entschieden wir uns, dass wir gemeinsam in einem Restaurant zu Mittagessen wollten. Also machten wir uns auf dem Weg. Es hatte geschneit und es war kalt. In unserem feinen Zwirn, war notwendig bei Gerichtsverhandlungen, und unseren Lederschuhen rutschen wir vorsichtig über den Bürgersteig. Der Weg führte uns vorbei an der Sophie-Barth-Schule. Hier hatte es offensichtlich an diesem Tag die Halbjahreszeugnisse gegeben. Direkt vor der Schule parkte ein Auto mit offener Beifahrertür. Auf dem Beifahrersitz saß ein vielleicht 13 oder 14 Jahre altes Mädchen und weinte bitterlich. Die Mutter beuge sich zu ihr hinunter und versuchte sie zu beruhigen und sprach ihr bestimmt auch Mut zu. Das Zeugnis war wohl alles andere als gut ausgefallen. Ich hatte diese Situation noch im Kopf, als wir in dem Restaurant ankamen. Hier bot sich genau das gegenteilige Bild. An einem der Tische saßen eine Mutter mit ihrer Tochter, die ebenfalls geschätzte 13 oder 14 Jahre alt war. Zwischen den beiden auf dem Tisch lag das Zeugnis. Mutter und Tochter lachten laut miteinander und waren bei bester Stimmung. Hier war das Zeugnis wohl spitze ausgefallen. Die Beiden waren so aufgekratzt, dass sie gar nicht mitbekamen, dass in diesem Moment ein Rennfahrer Laura zu einer unglücklichen Frau machte. Ich dachte an diesem Tag noch lange an dieses Mittagessen. Mir wurde mal wieder bewusst, wie nahe doch Glück und Unglück, Freud und Leid zusammenlagen. Dies bestärkte mich noch weiter, immer für euch dazu sein, bei Schwierigkeiten in der Schule oder sonst wo.

Dann sammle ich Steine von der Gruppe von Brücken: Ja, jetzt wird es ein bisschen emotional. Noch mehr werdet ihr sagen? Er gibt bestimmt viele Lieder, die über das Gefühl/ Verhältnis zwischen Eltern und Kindern erzählen. Aber kein anders Lied hat mich so gefangen genommen wie „Dann sammle ich Steine". Hört und seht euch einmal das Video dazu einmal an.

Bei dem Thema Musik, dürfen natürlich auch nicht unsere Familienfilme zu kurz kommen. Es fing mit dem Animationsfilm „Das Schloss im Himmel an". Wie viele japanische Animationsfilme auch folgten, unser Favorit stand und steht bis heute fest. Dann natürlich die Trilogie „Zurück in die Zukunft" Die Handlung war für Euch vielleicht manchmal etwas verwirrend, aber die Komik und

Dialoge zwischen Marty und Dr. Brown sind bis heute legendär. Zum Schluss noch eine Trilogie „Nachts im Museum". Natürlich mussten wir bei unserem ersten New York Besuch, im Jahre 2014, unbedingt in das Naturkunde Museum.

Damit endet die Rubrik ewiges Lächeln oder eine besondere Erinnerungskultur. Endet?
Nein, dies ist ja nur ein Zwischenstand. Ich hoffe, es kommen noch viele Songs und besondere Erlebnisse dazu.

Kapitel 17 Lieblingsplätze

Meine Top 5 Plätze einfach ungefiltert und ohne Ranking
- Sweet Home
- Die Elbe
- Der Berg in Henne Strand
- Chelsea und „Umgebung"
- Lissaboner Altstadt

Was sind Eure Top 5?

Kapitel 18 Geld oder „The money makes the world go round".

Also einmal ganz im Ernst. Wo bitte schön soll ich bei solch einem Thema anfangen? Vielleicht mit bekannten Weisheiten: „Geld macht nicht glücklich", „Geld verdirbt den Charakter", „Erst wenn der letzte Baum gerodet, der letzte Fluss vergiftet, der letzte Fisch gefangen ist, werdet ihr merken, dass man Geld nicht essen kann.", „Die besten Dinge im Leben sind nicht die, die man für Geld bekommt., „Arm ist nicht, wer wenig hat, sondern wer viel braucht.". OK reicht, oder?

Geld ist zu wichtig im Leben, als das es als unbedeutend eingestuft wird!

Wo fange ich hier wirklich an? Vielleicht mit meiner Erfahrung. Also wenn ich Menschen getroffen habe, die behaupteten, Geld wäre unwichtig handelte es sich oft um Personen, die wenig Geld hatten oder damit nicht umgehen konnten.

Da haben wir schon einmal die erste Unterscheidung. Es gibt einerseits sehr viele Menschen, die sich durch den Monat kämpfen müssen, weil sie wenig Geld verdienen oder vom Staat bekommen. Dies ist, wie ich noch aus meiner Kinder – und Jugendzeitzeit weiß, nicht immer einfach. Auf der anderen Seite gibt es Menschen, die verdienen genug, können aber einfach nicht mit Geld umgehen. Je mehr sie haben, desto mehr Geld geben sie auch aus. Ein kleiner aber gemeiner Teufelskreis.

Ach ja, dann gibt es noch die dritte Gruppe. Nennen wir sie die Smarten. Es ist tatsächlich gar nicht so schwer zu dieser Gruppe dazuzugehören. Treffen sich zwei Smarte auf der Straße, erkennen sie sich am Blick. Ja, wirklich! Du musst nur ein paar Voraussetzungen erfüllen, um in diesen geheimen Zirkel aufgenommen zu werden. Als erstes brauchst du in Deutschland einen Schulabschluss. Erledigt bei Euch! Dann brauchst du ein Studium oder eine Ausbildung. Ihr seid dran am Thema! Anschließend stehen die Chancen gut eine Arbeit/ Job/

Beschäftigung/ Berufung zu finden und eine entsprechende Bezahlung. Dann geht es nur noch um die goldene Formel „Gebe immer weniger aus, als du verdienst!". Einfach oder? Hey, die Formel beherrscht ihr doch heute schon.

Doch warum der ganze Aufwand, wenn doch die Aussagen Geld macht nicht glücklich etc. wahr und richtig sind? Es stimmt, Geld macht nicht glücklich, aber.......

Geld bedeutet Freiheit! Geld bedeutet Unabhängigkeit! Das heißt zum Beispiel, die Freiheit nicht jeden Job oder jede Arbeitsbedingung hinnehmen zu müssen. Die Freiheit, ruhig zu schlafen und sich keine Sorgen um unbezahlte Rechnungen zu machen. Die Freiheit, sein Leben in unterschiedlichen Phasen selber zu bestimmen. Die Freiheit, nicht von jemanden abhängig zu sein. Die Vorteile von Geld, in Verbindung mit Freiheit, sind eigentlich unendlich.

Natürlich wächst diese Freiheit mit der Zeit heran. Als Berufs- oder Studienanfänger/in sind es eher kleine Freiheitsinseln, die langsam aber sicher zu großen Ländern heranwachsen. Ihr dürft nur die goldene Formel niemals vergessen. Dann werdet ihr auch eines Tages durch die Stadt gehen und andere Smarte am Blick erkennen. Sie sind einfach entspannter, relaxter und selbstbewusster. Verwechselt die Smarten aber auf keinen Fall mit den arroganten reichen Schnöseln, von denen es leider auch jede Menge da draußen gibt. Ihr werdet mit der Zeit lernen zu unterscheiden.

Ich stehe mittelweise auf dem Standpunkt, dass Geld nicht direkt glücklich macht. Aber indirekt schafft es die

Voraussetzungen für ein entspanntes Leben. Dies wiederrum ist eine gute Voraussetzung für Zufriedenheit und ja, ich benutze das Wort jetzt, auch für Glück. Wobei Glück natürlich nur eine Momentaufnahme ist, die kommt und geht. Aber Zufriedenheit ist ja auch schon ganz gut.

Jetzt werdet ihr vielleicht sagen, tolle Tipps, aber ich will doch ganz anders leben. Geld soll für mich keine Bedeutung haben. Nun gut, dann vergisst die Hinweise und viel Glück dabei.

Solltet Ihr hingegen es einmal mit den Tipps versuchen wollen, stellt sich die Frage, was mache ich mit dem Geld, dass ich übrighabe und nicht ausgebe. Es gibt nämlich illegale Schurken (Der Rubel rollt, Kaminski lacht und es schmunzeln die Banditen) und legale Schurken (Vater Staat), die uns an das Geld wollen.

Was auch zu diesem Thema gehört sind Fragen nach Strategien, nach Wertehaltung, nach Familienzielen. Wie geht man/frau mit Niederlagen um? Gibt es eine Werteordnung, die bestimmte Investitionen verbietet oder vielleicht sogar vorschreibt? Und und….

Dieses Thema ist komplex. Gerade ist bei mir die Idee entstanden, hierfür ein eigenes kleines Essay zu entwerfen. Ein Anlageleitfaden, der meine Erfahrungen, gekoppelt mit den wissenschaftlichen Erkenntnissen, wiedergibt. Also Fortsetzung folgt! Allerdings würde ich darauf schon einen kleinen Vorgeschmack in Form meines Brainstormings geben.

Zertifikate

ETFs

Aktien

Rohstoffe

Fonds

Anleihen

Zinsen

Das 8. Weltwunder

Zinseszins

CHASH= Nur Bares Ist Wahres!

Beratung

Währungen

Schulden

Immobilien

Gold und Silber

Gewissen und Geld

Moral und Ethik

Schuster bleib......

Nachhaltigkeit

Resümee, natürlich nur vorläufig

Ich werde bald 60 Jahre alt sein bzw. bin es vielleicht schon, wenn ihr dieses Büchlein lest. Die Gründe für das Schreiben hatte ich ja bereits erwähnt. Doch noch ein paar Gedanken, was beim Schrieben mit mir passiert ist. Mir wurde auf der anderen Seite bewusst, dass die alten Philosophen Recht hatten, nichts ist tatsächlich so beständig wie der Wandel.

Manchmal, gerade in den letzten Jahren, fiel es mir schwer mit dem Wandel positiv umzugehen. Ich zauderte und war unzufrieden. Beim Schreiben habe ich dann gemerkt, dass ich dazu gar keinen Grund habe. Von den Startschwierigkeiten einmal abgesehen, lief es bei mir überwiegend gut. Deshalb sollte ich mir und dem Leben gegenüber auch mal ein bisschen dankbar und demütig sein. Natürlich kann dieses Buch nicht ohne einen Lebensratschlag enden. Das Gute an Ratschlägen ist, dass man sie in den Wind schlagen kann. Die Qualität meines Wortspiels zeigt mir, dass ich zum Schluss kommen sollte.

Deshalb ganz kurz gefragt, warum liefen die bisherigen 60 Jahre gut?

Ich habe niemals aufgegeben, weil es immer ein Grund gibt weiterzumachen. Könnte ein Motto sein, oder? Solltet ihr aber einmal ans Aufgeben denken, erinnert euch nur an Rocky Balboa „In eine weitere Runde zu gehen, wenn du denkst, dass du das nicht kannst – das macht den Unterschied in deinem Leben aus"

„Dann sammle ich Steine"
   Danke!

Nachtrag

Ich wusste nicht wie es sich anfühlt, wenn man ein Buch vollendet hat. Moment, ich fühle einmal in mich hinein.
Ja! Ein gutes Gefühl, dass ich nur weiterempfehlen kann. Gerade wollte ich mir noch einen guten Rotwein aufmachen, da kloppte doch erneute das Leben auf meine Schulter. Hat man denn nie Feierabend? Doch dieses Mal wollte es mich gar nicht in ein Gespräch verwickeln. Ich bekam tatsächlich ein Lob für die Vollendung dieses Projektes, weil ich zwischendurch doch auch mal gezweifelt habe, ob ich auf dem richtigen Weg bin. Eine kleine Spitze musste es aber noch verteilen. Ich hätte zwar das Rechtschreibprogramm über den Text laufen lassen, aber hinsichtlich Grammatik und Gendergestaltung gebe es noch Luft nach oben.

OK!
Wer ist schon perfekt?
Ich jedenfalls nicht!

Liebe Leserin und Leser für Lob, Tadel oder konstruktive Kritik kontakten Sie mich gerne unter:
Babyboomer60@email.de